Estudiando español

Línea uno

Grammatisches Beiheft
von

Javier Navarro González

Ernst Klett Verlag
Stuttgart Düsseldorf Leipzig

Inhaltsverzeichnis

Vacaciones en España

1 Der bestimmte und unbestimmte Artikel im Singular
El artículo determinado y el artículo indeterminado en singular

Bestimmter Artikel		Unbestimmter Artikel	
Maskulinum *(m)*	**Femininum** *(f)*	**Maskulinum** *(m)*	**Femininum** *(f)*
el amiga der Freund	**la** amiga die Freundin	**un** amigo ein Freund	**una** amiga eine Freundin
el museo das Museum	**la** playa der Strand	**un** museo ein Museum	**una** playa ein Strand

Das Spanische kennt nur zwei Genera: Maskulinum und Femininum. Der bestimmte Artikel für das Maskulinum ist *el*, für das Femininum *la*. Der unbestimmte Artikel lautet *un/una*. (Einen der Ausnahmefälle lernst du in *Unidad 3A* kennen: **el** agua *f* das Wasser.)

2 Zeichensetzung: Ausrufe- und Fragezeichen
La puntuación: los signos de admiración y de interrogación

¡España es fenomenal!   Spanien ist toll!   ¿Es una paella?   Ist das eine Paella?   ¡Hola!, soy Juan.   Hallo! Ich bin Juan.   El río, ¿es el Ebro?   Der Fluss, ist das der Ebro?

Ausrufe- und Fragezeichen stehen im Spanischen nicht nur am Ende, sondern – auf dem Kopf stehend – auch am Anfang eines Ausrufs bzw. einer Frage. Oft steht nur der eigentliche Ausruf oder die eigentliche Frage zwischen den beiden Satzzeichen. Beachte dabei die Kleinschreibung vor oder nach dem Ausrufe- bzw. Fragezeichen.

Hola, ¿qué tal?

Unidad 1A

3 Der bestimmte Artikel im Plural
El artículo determinado en plural

m **los** amigos **los** museos	die Freunde die Museen	*f* **las** amigas **las** playas	die Freundinnen die Strände

4 Die Pluralbildung beim Nomen
El plural del sustantivo

el chico la chica el cine	der Junge das Mädchen das Kino	los chico**s** las chica**s** los cine**s**	die Jungen die Mädchen die Kinos	Bei Nomen, die auf einen Vokal enden, wird im Plural ein *-s* angehängt.
el profesor el hotel el mar	der Lehrer das Hotel das Meer	los profesor**es** los hotel**es** los mar**es**	die Lehrer die Hotels die Meere	Bei Nomen, die auf einen Konsonanten enden, wird *-es* angehängt.

➡ Nomen, die auf *s* oder *n* enden und im Singular ein Akzentzeichen auf der letzten Silbe haben, verlieren dieses Akzentzeichen im Plural gemäß den Regeln der Betonung und Akzentsetzung (vgl. Schülerbuch S. 110):

un alem**án**	ein Deutscher	una excursi**ón**	ein Ausflug
los alem**anes**	die Deutschen	las excursi**ones**	die Ausflüge

§ 5 Das Verb <u>ser</u> und die Subjektpronomen
El verbo <u>ser</u> y los pronombres personales de sujeto

Sg	1		**Yo**	**soy**	alemana.	Ich bin Deutsche.
	2		¿**Tú**	**eres**	de aquí?	Bist du von hier?
	3	*m*	**Él**	} **es**	de Burgos.	Er ist aus Burgos.
		f	**Ella**		de Salamanca.	Sie ist aus Salamanca.
Pl	1	*m*	**Nosotros**	} **somos**	españoles.	Wir sind Spanier.
		f	**Nosotras**		compañeras.	Wir sind Schulkameradinnen.
	2	*m*	¿**Vosotros**	} **sois**	amigos?	Seid ihr Freunde?
		f	¿**Vosotras**		amigas?	Seid ihr Freundinnen?
	3	*m*	**Ellos**	} **son**	ingenieros.	Sie sind Ingenieure.
		f	**Ellas**		profesoras.	Sie sind Lehrerinnen.

Im Spanischen hat nicht nur das Personalpronomen der 3. Person Singular unterschiedliche Genusformen, sondern auch alle Personalpronomen im Plural.

➡ Die maskulinen Formen *nosotros*, *vosotros* und *ellos* werden auch verwendet, wenn man von männlichen und weiblichen Personen zusammen spricht. Dies gilt auch für die maskulinen Formen von Nomen:
Nosotr**os** *(m)* somos Pilar *(f)* y Chema *(m)*. Somos compañer**os** *(m)* de Jesús.

¿De dónde **eres**? —**Soy** de Hamburgo. Woher **bist du**? – **Ich bin** aus Hamburg. **Él** es ingeniero y **ella** es profesora. **Er** ist Ingenieur und **sie** ist Lehrerin **Tú** no eres de aquí, ¿no? **Du** bist aber nicht von hier, oder? Me llamo Pilar, ¿y **tú**? —**Yo** también. Ich heiße Pilar, und du? – Ich auch.	Personalpronomen als Subjekt werden im Spanischen gewöhnlich weggelassen. Sie werden meist nur dann verwendet, wenn das Subjekt betont werden soll, z. B. in Gegenüberstellungen. Außerdem werden sie in Sätzen ohne Verb benutzt.

§ 6 Die Verben der ersten Konjugation
Los verbos de la primera conjugación

ha**blar** — sprechen	
ha**blo** — ich spreche ha**blas** — du sprichst ha**bla** — er/sie spricht ha**blamos** — wir sprechen ha**bláis** — ihr sprecht ha**blan** — sie sprechen	Als Verben der 1. Konjugation bezeichnet man regelmäßige Verben, deren Infinitiv auf *-ar* endet, wie *hablar*. Beachte den Wechsel der Betonung (vgl. Schülerbuch S. 110). In der Tabelle ist die betonte Silbe jeweils unterstrichen.

Ebenso: busc**ar** suchen   trabaj**ar** arbeiten
         estudi**ar** lernen, studieren   lleg**ar**   ankommen

§ 7 Die Verneinung
La negación

> **No** eres de aquí.
> Du bist **nicht** von hier.
> Chema **no** trabaja mucho.
> Chema arbeitet **nicht** viel.

Die Verneinung wird im Spanischen mit der Verneinungspartikel *no* gebildet. Diese steht in der Regel unmittelbar vor dem Verb.

➡ *No* entspricht sowohl dem deutschen *nicht* als auch *nein*:
¿Trabajáis mucho? —**No, no** trabajamos mucho. **Nein**, wir arbeiten **nicht** viel.

§ 8 Die Fragepronomen ¿quién?/¿quiénes?
Los pronombres interrogativos ¿quién?/¿quiénes?

Im Gegensatz zum deutschen *wer?* hat *¿quién?* eine Pluralform.

> **¿Quién** es tu profesor/tu profesora de español? Wer ist dein Spanischlehrer/deine Spanischlehrerin?
> **¿Quiénes** son los chicos/las chicas al lado de la ventana? Wer sind die Jungen/Mädchen neben dem Fenster?

Mit *¿quién?* fragt man nach **einer** Person, mit *¿quiénes?* nach **mehreren,** wenn man weiß, dass es sich um mehrere handelt. Es gibt keine unterschiedlichen Formen für Maskulinum und Femininum.
Nach *¿quiénes?* steht das Verb im Plural.

Unidad 1B

§ 9 Die Präposition de
La preposición de

Die Präposition *de* wird in folgenden Bedeutungen verwendet:

> la Universidad **de** Salamanca die Universität von Salamanca
> las calles **de** la ciudad die Straßen der Stadt
> el interior **de** las catedrales das Innere der Kathedralen
> la estatua **del** escritor die Statue des Schriftstellers
> la casa **de** un amigo das Haus eines Freundes
> el nombre **de** mi instituto der Name meines Gymnasiums
> las amigas **de** Isabel Isabels Freundinnen
>
> Soy **de** Salamanca/**de** Alemania.
> Ich stamme aus Salamanca/aus Deutschland.
>
> el profesor **de** inglés der Englischlehrer
> la profesora **de** física die Physiklehrerin
> un zumo **de** naranja ein Orangensaft

– zur Angabe von Besitz oder Zugehörigkeit. Dabei entspricht sie oft einem deutschen Genitiv.

➡ *De* verschmilzt mit dem bestimmten Artikel *el* zu *del.*

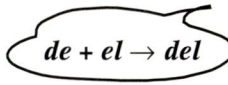

$$de + el \rightarrow del$$

– zur Angabe der Herkunft.

– zur näheren Bestimmung eines Nomens. Im Deutschen benutzt man für solche Verbindungen aus Nomen + *de* + Nomen häufig zusammengesetzte Nomen.

§ 10   Das Adjektiv
El adjetivo

Attributiver Gebrauch		Prädikativer Gebrauch	
un puente **antiguo**	eine **alte** Brücke	El puente es **antiguo**	Die Brücke ist **alt.**
una rana **guapa**	ein **hübscher** Frosch	La rana es **guapa.**	Der Frosch ist **hübsch.**
las casas **grandes**	die **großen** Häuser	Las casas son **grandes.**	Die Häuser sind groß.

Adjektive können attributiv gebraucht werden, d.h. sie stehen direkt beim Nomen: im Deutschen davor, im Spanischen normalerweise dahinter.
Oder sie können prädikativ gebraucht werden, d.h. sie sind vom Nomen durch eine Form des Verbs *ser* getrennt.
In beiden Fällen richten sie sich in Genus und Numerus nach dem Nomen.

	Singular			Plural	
m	un hotel	bonit**o**/conocid**o**	*m*	hoteles	bonit**os**/conocid**os**
f	una plaza	bonit**a**/conocid**a**	*f*	plazas	bonit**as**/conocid**as**
m	un día	interesante	*m*	días	interesante**s**
f	una calle		*f*	calles	
m	un museo	fenomenal	*m*	museos	fenomenal**es**
f	una fiesta		*f*	fiestas	

Adjektive, die in der maskulinen Form auf -*o* enden, enden in der femininen Form auf -*a*.
Die meisten anderen haben im Maskulinum und Femininum dieselbe Form.

Der Plural wird beim Adjektiv genauso gebildet wie beim Nomen, d.h. durch Anhängen von -*s* bzw. -*es* (vgl. § 4).

Unidad 2A

§ 11   Die Grundzahlen 1–30
Los números cardinales 1–30

1	un / uno / una	11	once	21	veintiún / veintiuno / veintiuna
2	dos	12	doce	22	veintidós
3	tres	13	trece	23	veintitrés
4	cuatro	14	catorce	24	veinticuatro
5	cinco	15	quince	25	veinticinco
6	seis	16	dieciséis	26	veintiséis
7	siete	17	diecisiete	27	veintisiete
8	ocho	18	dieciocho	28	veintiocho
9	nueve	19	diecinueve	29	veintinueve
10	diez	20	veinte	30	treinta

Die Zahl 1 lautet vor einem maskulinen Nomen *un*, vor einem femininen Nomen *una*.
Wenn sie nicht vor einem Nomen steht, sagt man *uno*. Dasselbe gilt für *veintiún*, *veintiuna* und *veintiuno*:

un museo	veintiún libros
una casa	veintiuna cintas
el número uno	la página veintiuno

Die übrigen Grundzahlen sind unveränderlich:
dos/veintidós/... (libros/cintas)

12 Die Uhrzeit
La hora

Es la una. Es ist ein Uhr. **Son las** dos. Es ist zwei Uhr. **¿Qué hora es?** Wieviel Uhr ist es?	Die aktuelle Uhrzeit wird mit dem Verb *ser* gefolgt vom Femininum des bestimmten Artikels und einer Grundzahl angegeben. Bei *una* stehen Verb und Artikel im Singular, sonst im Plural. Bei der Frage nach der Uhrzeit werden immer Singularformen benutzt.

Wenn es sich nicht um volle Stunden handelt, präzisiert man mit *y* oder *menos:*

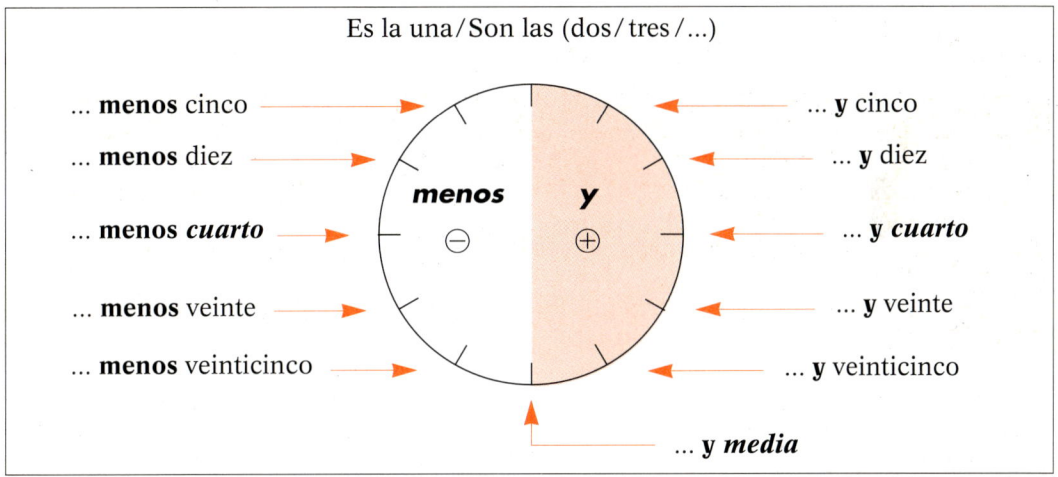

Es la una/Son las (dos/tres/...)

... **menos** cinco — ... **y** cinco
... **menos** diez — ... **y** diez
... **menos** *cuarto* — ... **y** *cuarto*
... **menos** veinte — ... **y** veinte
... **menos** veinticinco — ... **y** veinticinco
... **y** *media*

➡ Beachte den Unterschied in der Zählung zwischen dem Spanischen und Deutschen.

Es ist **halb drei**.  Son las **dos y media**.

¿A qué hora llegan a casa? —**A las** dos menos cuarto. Um wie viel Uhr kommen sie nach Hause? – Um Viertel vor zwei.	Um zu fragen oder anzugeben, zu welcher Uhrzeit etwas geschieht, benutzt man die Präposition *a*.

13 Die Präpositionen a und en
Las preposiciones a y en

Außer in Uhrzeitangaben wird die Präposition *a* auch verwendet

Va **a** su habitación. Sie geht in ihr Zimmer. Llegan **a** casa. Sie kommen nach Hause. Vamos **al** cine. Wir gehen ins Kino. Hay una silla **al lado de/a la derecha de/ a la izquierda de** la puerta. Neben/rechts von/links von der Tür steht ein Stuhl.	– in Richtungsangaben, z.B. nach den Verben *ir* und *llegar,* – gelegentlich in Ortsangaben, vor allem in festen Verbindungen, die zusammen eine Präposition bilden.

➡ *A* verschmilzt mit dem bestimmten Artikel *el* zu *al* (vgl § 9): **a + el → al**

Barbara está **en** su habitación.	Die Präposition *en* wird in Ortsangaben
Barbara ist in ihrem Zimmer.	verwenden, z. B. zusammen mit den
La comida ya está **en** la mesa.	Verben *estar* und *hay*.
Das Essen steht schon auf dem Tisch.	Beachte folgende Verbindungen:

<table>
<tr><td colspan="2">Barbara está en su habitación.
Barbara ist in ihrem Zimmer.
La comida ya está en la mesa.
Das Essen steht schon auf dem Tisch.
En Salamanca hay monumentos intere-
santes. In Salamanca gibt es interessante
Sehenswürdigkeiten.</td><td colspan="2">Die Präposition en wird in Ortsangaben
verwenden, z. B. zusammen mit den
Verben estar und hay.
Beachte folgende Verbindungen:</td></tr>
</table>

Barbara está **en** su habitación.
Barbara ist in ihrem Zimmer.
La comida ya está **en** la mesa.
Das Essen steht schon auf dem Tisch.
En Salamanca hay monumentos intere-santes. In Salamanca gibt es interessante Sehenswürdigkeiten.

Die Präposition *en* wird in Ortsangaben verwenden, z. B. zusammen mit den Verben *estar* und *hay*.
Beachte folgende Verbindungen:

en casa	**zu** Hause
en la calle	**auf** der Straße
en la mesa	**auf** dem Tisch

§ 14 Die Verben <u>ir</u> und <u>estar</u>
Los verbos <u>ir</u> y <u>estar</u>

ir	gehen			estar	sein, sich befinden		
voy	ich gehe	<u>va</u>mos	wir gehen	est<u>oy</u>	ich bin	est<u>a</u>mos	wir sind
vas	du gehst	vais	ihr geht	est<u>á</u>s	du bist	est<u>á</u>is	ihr seid
va	er/sie/es geht	van	sie gehen	est<u>á</u>	er/sie/es ist	est<u>á</u>n	sie sind

§ 15 Der Gebrauch von <u>ser</u>, <u>estar</u> und <u>hay</u>
El uso de <u>ser</u>, <u>estar</u> y de <u>hay</u>

Dem deutschen Verb *sein* entsprechen im Spanischen unterschiedliche Verben: *ser, estar* und die Form *hay*.

1. *Ser*

Mit *ser* kann man angeben, **wer/was, wie** oder **woher** jemand oder etwas ist. Es steht

¿Quiénes **son**? —**Son** los profesores. Wer ist das? – Das sind die Lehrer. ¿Quién **es** el chico? —**Es** Oliver. **Es** el hermano de Barbara. Wer ist der Junge? – Das ist Oliver. Er ist Barbaras Bruder.	– in Fragen mit *¿quién(es)?* und den entsprechenden Antworten und Aussagesätzen,
El padre de Barbara **es** alemán. **Es** inge-niero. ... ist Deutscher. Er ist Ingenieur.	– grundsätzlich vor allen Nomen (z.B. vor Nationalitäts- und Berufsbezeichnungen),
Salamanca **es** bonita. Salamanca ist schön. Aquí los camareros **son** muy simpáticos. Hier sind die Kellner sehr nett.	– vor Adjektiven zum Ausdruck einer Eigenschaft,
¿De dónde **eres**? —**Soy** de Barcelona. Woher bist du? – Ich bin aus Barcelona.	– in Fragen mit *¿de dónde?* und den entsprechenden Aussagesätzen.

2. *Estar*

¿Dónde **están** mis libros? —**Están** en la mesa. Wo sind meine Bücher? – Sie sind/liegen auf dem Tisch. **Estamos** en el cuarto de estar. Wir sind im Wohnzimmer.	Mit *estar* kann man ausdrücken, **wo** sich eine bestimmte Person oder Sache befin-det. Es steht also in Fragen mit *¿dónde?* und den entsprechenden Antworten sowie allgemein vor Ortsangaben.

3. *Hay*

¿Hay una discoteca aquí? —Sí, **hay** también un polideportivo. Gibt es hier eine Diskothek? – Ja, es gibt auch eine Sporthalle. En Salamanca **hay** monumentos antiguos y dos catedrales preciosas. In Salamanca gibt es alte Baudenkmäler und zwei wunderschöne Kathedralen.	*Hay* ist eine unpersönliche Verbform in der 3. Person Singular, ähnlich wie das deutsche *es gibt*. Mit *hay* führt man **bisher noch nicht erwähnte Personen oder Dinge** ein. Es steht daher vor einem unbestimmten Artikel, einer Zahl oder Mengenangabe, bzw. vor Nomen ohne Begleiter.

4. Der Unterschied zwischen *hay* und *estar*

Hay dos personas en la habitación. Es sind zwei Personen im Zimmer. En la mesa **hay** libros y cintas. Auf dem Tisch liegen Bücher und Kassetten. Sobre la cama **hay** dos pósteres. Über dem Bett hängen zwei Poster.	Eva **está** en el cuarto de baño. Eva ist im Badezimmer. Los libros de la profesora **están** en la mesa. Die Bücher der Lehrerin liegen auf dem Tisch. Mis pósteres ya **están** sobre la cama. Meine Poster hängen schon über dem Bett.

Das Spanische *hay* wird viel häufiger benutzt als *es gibt*. In vielen Fällen verwendet man für *hay* im Deutschen eine persönliche Konstruktion mit *sein* (bzw. *stehen, liegen* usw.).

Im Spanischen benutzt man *estar* + Ortsangabe nur dann, wenn das Subjekt eine **bestimmte Person oder Sache** ist (Eigenname, bestimmter Artikel / Possessivbegleiter + Nomen, usw.)

16 Die Possessivbegleiter
Los determinantes posesivos

(yo y)	**mi** amigo	mein Freund	(noso-tros, -as y)	**nuestro** amigo	unser Freund		
	mi amiga	meine Freundin		**nuestra** amiga	unsere Freundin		
	mis amigos	meine Freunde		**nuestros** amigos	unsere Freunde		
	mis amigas	meine Freundinnen		**nuestras** amigas	unsere Freundinnen		
(tú y)	**tu** amigo	dein Freund	(voso-tros, -as y)	**vuestro** amigo	euer Freund		
	tu amiga	deine Freundin		**vuestra** amiga	eure Freundin		
	tus amigos	deine Freunde		**vuestros** amigos	eure Freunde		
	tus amigas	deine Freundinnen		**vuestras** amigas	eure Freundinnen		
(él / ella y)	**su** amigo	sein / ihr Freund	(ellos / ellas y)	**su** amigo	ihr Freund		
	su amiga	seine / ihre Freundin		**su** amiga	ihre Freundin		
	sus amigos	seine / ihre Freunde		**sus** amigos	ihre Freunde		
	sus amigas	seine / ihre Freundinnen		**sus** amigas	ihre Freundinnen		

Die Possessivbegleiter richten sich in Numerus und Genus nach dem folgenden Nomen, d.h. dem Nomen, das das Besitztum bezeichnet. (Es gibt allerdings nur bei den Possessivbegleitern der 1. und 2. Person Plural unterschiedliche Formen für Maskulinum und Femininum.)

Im Gegensatz zum Deutschen haben die Possessivbegleiter der 3. Person, Singular und Plural, Maskulinum und Femininum, alle dieselben Formen: *su(s)*.

Unidad 2B

§ 17 Die Verben der zweiten und dritten Konjugation
Los verbos de la segunda y tercera conjugación

comer	essen	abrir	öffnen
como	ich esse	abro	ich öffne
comes	du isst	abres	du öffnest
come	er/sie/es isst	abre	er/sie/es öffnet
comemos	wir essen	abrimos	wir öffnen
coméis	ihr esst	abrís	ihr öffnet
comen	sie essen	abren	sie öffnen

Als Verben der 2. Konjugation bezeichnet man regelmäßige Verben auf *-er* (z.B. *comer, beber, responder*), als Verben der 3. Konjugation solche auf *-ir* (z.B. *abrir, escribir, vivir*). Zu den unterstrichenen Silben vgl. § 6.

§ 18 Das Verb tener
El verbo tener

Aquí tengo dos fotos bonitas.

tengo	ich habe	tenemos	wir haben
tienes	du hast	tenéis	ihr habt
tiene	er/sie/es hat	tienen	sie haben

§ 19 Die Personalpronomen usted / ustedes
Los pronombres personales usted / ustedes

usted / ustedes	tú / vosotros
¿Qué edad **tiene usted** y dónde **vive**? Wie alt sind Sie und wo wohnen Sie? Allí llega **su** hermano. Da kommt Ihr Bruder. **¿Buscan ustedes** algo, señoras? Suchen Sie etwas, meine Damen?	¿Qué edad **tienes** y dónde **vives**? Wie alt bist du und wo wohnst du? Allí llega **tu** hermano. Da kommt dein Bruder. **¿Buscáis** algo? Sucht ihr etwas?

Die Höflichkeitsform *usted* (statt *tú*) entspricht dem deutschen *Sie* (statt *du*). Verb und Possessivbegleiter stehen bei *usted* in der 3. Person Singular. Um mehrere Personen höflich anzusprechen, verwendet man die Pluralform *ustedes* mit der 3. Person Plural. Im Gegensatz zu den anderen Personalpronomen wird *usted(es)* selten weggelassen. Im Spanischen ist das Duzen weiter verbreitet als im Deutschen.

§ 20 ¿qué? als Fragepronomen und -begleiter
El pronombre y determinante interrogativo ¿qué?

¿**Qué** lees? Was liest du? ¿Para **qué** necesitas dinero? Wofür/Für was brauchst du Geld? ¿**Qué** trabajo es? Was für eine Arbeit ist es? ¿En **qué** calle vives? In welcher Straße wohnst du? ¿**Qué** profesores tenéis? Was für Lehrer ...?

Mit dem Pronomen *¿qué?* fragt man nach Sachen und Sachverhalten.

¿Qué? steht auch als Begleiter vor Nomen und bedeutet dann *was für (ein/eine)* oder *welche(r)/welches*. In dieser Funktion kann es sich auch auf Personen beziehen.

21 Die Grundzahlen 31 – 99
Los números cardinales 31 – 99

31	treinta y uno/un/una	40	cuarenta	70	setenta
32	treinta y dos	50	cincuenta	80	ochenta
33	treinta y tres, etc.	60	sesenta	90	noventa

Ab 30 werden Zehner- und Einerzahlen (vgl. § 11) getrennt geschrieben und einfach durch *y* miteinander verbunden, z.B. 67 = sesenta **y** siete, 89 = ochenta **y** nueve, usw.

Wie 1 und 21 (vgl. § 11) richten sich auch 31, 41 usw. danach, ob ein maskulines oder feminines Nomen folgt:

cuarenta y **un** años   cincuenta y **una** horas   la página treinta y **uno**

Telefonnummern spricht man gewöhnlich in Gruppen von zweistelligen Zahlen:
Tfno. 22 91 68   Es el teléfono veintidós, noventa y uno, sesenta y ocho.

22 Die Frageadverbien ¿cómo?, ¿dónde?, ¿adónde?, ¿de dónde?
Los adverbios interrogativos ¿cómo?, ¿dónde?, ¿adónde?, ¿de dónde?

¿**Cómo** son tus profesores? Wie sind deine Lehrer?
¿**Cómo** está usted? Wie geht es Ihnen?
¿**Cómo** te llamas? Wie heißt du?
¿**Dónde** vive usted? Wo wohnen Sie?
¿**Adónde** vais? Wohin geht ihr?
¿**De dónde** es tu amigo? Woher kommt dein Freund?

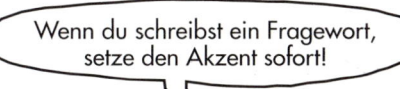

Wenn du schreibst ein Fragewort, setze den Akzent sofort!

➡ Alle Fragewörter haben einen Akzent.

23 Das indirekte Objekt mit *a*
El complemento indirecto con a

	dir. Objekt	indir. Objekt		Dativobjekt	Akkusativobjekt
Laura pasa	el teléfono	*a* Eva.	Laura reicht	**Eva**	das Telefon.
Pilar enseña	la ciudad	*a* su amiga.	Pilar zeigt	**ihrer Freundin**	die Stadt.
No responden		*al* profesor.	Sie antworten	**dem Lehrer**	nicht.

Ein indirektes Objekt im Spanischen entspricht oft einem Dativobjekt im Deutschen. Es wird mit der Präposition *a* gebildet und steht gewöhnlich nach dem direkten Objekt (falls vorhanden).

§ 24 Die Tageszeiten
Las partes del día

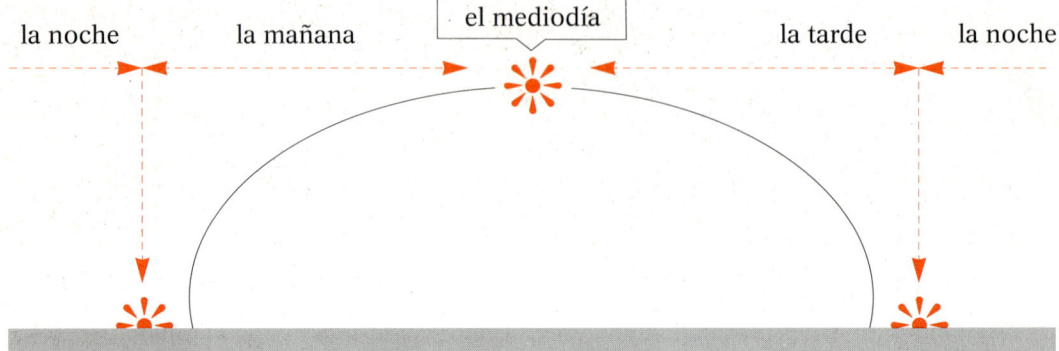

la noche la mañana el mediodía la tarde la noche

Die Zeit von Sonnenaufgang bis 12 Uhr mittags bezeichnet man im Spanischen als *mañana*, die Zeit danach bis Sonnenuntergang als *tarde*, die Zeit zwischen Sonnenuntergang und Sonnenaufgang als *noche*. Mit *mediodía* bezeichnet man den Zeitpunkt 12 Uhr mittags oder den Zeitraum um 12 Uhr mittags herum.

Por la mañana estamos siempre en casa, pero **por la tarde** vamos a la ciudad.
Vormittags sind wir immer zu Hause, aber nachmittags gehen wir in die Stadt.
Hoy no tengo tiempo. **Por la tarde** trabajo, y **por la noche** vamos a un restaurante.
Heute habe ich keine Zeit. Am Nachmittag arbeite ich und am Abend gehen wir in ein Restaurant.
Abrimos desde las diez **de la mañana** hasta la una y media **del mediodía.**
Wir haben von zehn Uhr morgens/vormittags bis halb zwei Uhr nachmittags geöffnet.
Son las once **de la mañana/noche.**
Es ist elf Uhr vormittags/nachts.

Mit *por la mañana / tarde / noche* gibt man an, zu welcher Tageszeit etwas geschieht. Diese Zeitangaben können den regelmäßig wiederkehrenden Zeitraum („jeden Morgen / Nachmittag / Abend") oder auch den Morgen / Nachmittag / Abend eines bestimmten Tages bezeichnen.

Um Uhrzeitangaben eindeutig auszudrücken, fügt man *de la mañana / tarde / noche* oder – von 12 Uhr mittags bis ca. 2 Uhr – *del mediodía* – hinzu.

Unidad 3A

§ 25 Das Verb dar
El verbo dar

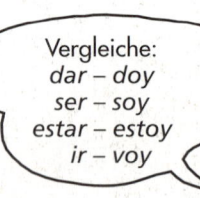

Vergleiche:
dar – doy
ser – soy
estar – estoy
ir – voy

doy	ich gebe	damos	wir geben
das	du gibst	dais	ihr gebt
da	er/sie/es gibt	dan	sie geben

Zu ähnlich konjugierten Verben s. §§ 5 und 14.

26 Verben mit Diphthongierung auf -ie-
Verbos con diptongación en -ie-

penSAR denken	quer**er** mögen, wollen	prefe**rir** vorziehen
p**ie**nso	qu**ie**ro	pref**ie**ro
p**ie**nsas	qu**ie**res	pref**ie**res
p**ie**nsa	qu**ie**re	pref**ie**re
penSAmos	quer**e**mos	prefer**i**mos
penSÁis	quer**é**is	prefer**í**s
p**ie**nsan	qu**ie**ren	pref**ie**ren

Bei einer Gruppe von Verben wird das *-e-* der Stammsilbe in den stammbetonten Formen (rechte Spalte) zu *-ie-* diphthongiert. In den endungsbetonten Formen (linke Spalte) bleibt es *-e-*. Die Verbendungen sind regelmäßig (vgl. §§ 6 und 17).
Im Wörterverzeichnis steht hinter solchen Verben in Klammern *-ie-*, z.B.: pensar (-ie-).

➡ Im Lauf der Zeit lernst du noch andere Gruppen von Verben mit gewissen Besonderheiten kennen. Man fasst sie unter dem Namen „Gruppenverben" zusammen.

27 Der Gebrauch von querer und preferir
El uso de querer y preferir

¿Queréis montañas de basura o **preferís** montañas con árboles?** Wollt ihr Berge von Müll, oder wollt ihr lieber Berge mit Bäumen?</br>No **quiero** ir al cine, **prefiero** ir a casa. Ich möchte nicht ins Kino gehen, ich gehe lieber nach Hause.	Auf *querer* und *preferir* kann entweder ein Nomen als direktes Objekt folgen oder ein Infinitiv (ohne Präposition).

28 Mucho, poco, bastante

mucho dinero viel Geld</br>**mucha** basura viel Abfall</br>**muchos** coches viele Autos</br>**muchas** casas viele Häuser	**poco** dinero wenig Geld</br>**poca** basura wenig Abfall</br>**pocos** coches wenige Autos</br>**pocas** casas wenige Häuser	**bastante** dinero</br>**bastante** basura</br>**bastantes** coches</br>**bastantes** casas	ziemlich viel(e)…, genug

Mucho, poco und *bastante* können als indefinite Begleiter verwendet werden. Sie richten sich dann wie Adjektive nach dem Nomen, zu dem sie gehören (vgl. § 10).

Hablamos **mucho** de la naturaleza. Wir reden viel über die Natur.	La gente piensa **poco** en el medio ambiente. Die Leute denken wenig an die Umwelt.	Es un problema **bastante** conocido. Es ist ein ziemlich bekanntes Problem.

Außerdem werden sie als Adverbien gebraucht und sind dann unveränderlich.

Trabajamos **mucho.** Wir arbeiten viel.</br>Es un trabajo **muy** interesante. Es ist eine sehr interessante Arbeit.</br>Cantas **muy** bien. Du singst sehr gut.	➡ Das Adverb *mucho* kann nur bei einem Verb stehen. Vor Adjektiven und Adverbien steht *muy*.

Unidad 3 B

§ 29 Verben mit Diphthongierung auf -ue- (1)
Verbos con diptongación en -ue- (1)

jugar spielen	
	juego
	juegas
	juega
jugamos	
jugáis	
	juegan

Ähnlich wie bei den Verben mit Diphthongierung auf -ie- (vgl. § 26) wird bei einem anderen Typ von Gruppenverben der Vokal der Stammsilbe in den stammbetonten Formen zu -ue- diphthongiert.
Im Wörterverzeichnis steht hinter diesen Verben in Klammern -ue-, z.B.: jugar (-ue-).

§ 30 Weitere unregelmäßige Verben
Otros verbos irregulares

hacer tun, machen	proponer vorschlagen	salir weg-/ hinausgehen	decir sagen	venir kommen	saber wissen, können	ver sehen
hago	**propongo**	**salgo**	**digo**	**vengo**	**sé**	**veo**
haces	propones	sales	dices	vienes	sabes	ves
hace	propone	sale	dice	viene	sabe	ve
hacemos	proponemos	salimos	decimos	venimos	sabemos	vemos
hacéis	proponéis	salís	decís	venís	sabéis	veis
hacen	proponen	salen	dicen	vienen	saben	ven

§ 31 Zeitangaben mit Wochentagen
Los días de la semana en complementos de tiempo

In Zeitangaben steht vor den Namen von Wochentagen der bestimmte Artikel, aber im Gegensatz zum Deutschen keine Präposition.

El sábado hay un concierto de «Sol y Sombra». Am Samstag findet ein Konzert der Gruppe «Sol y Sombra» statt. **Los domingos** siempre juego al tenis. Sonntags spiele ich immer Tennis. ¿Qué día es hoy? —Hoy es **martes.** Welcher Tag ist heute? – Heute ist Dienstag.

Mit der Singularform bezeichnet man einen einzigen Wochentag, nämlich den kommenden.
Die Pluralform bedeutet „regelmäßig/ immer an diesem Wochentag".
Nach dem Verb *ser* steht der Name des Wochentags ohne Artikel.

➡ Der Ausdruck *el fin de semana* wird in Zeitangaben ähnlich gebraucht wie die Wochentage, nämlich im Singular für das kommende Wochenende und im Plural für das Wochenende im Allgemeinen, d.h. jedes Wochenende:
El fin de semana vamos a la playa.   = am kommenden Wochenende
Los fines de semana hacemos excursiones.   = jedes Wochenende

32 <u>*ir a*</u> *+ Infinitiv zum Ausdruck der Zukunft*
<u>ir a</u> + infinitivo para referirse al futuro

¿Quién **va a ganar**? Wer gewinnt/wird gewinnen?   ¿Qué **vas a hacer** el fin de semana? Was machst du am Wochenende? (= Was hast du vor?)   Mañana **voy a jugar** al tenis con Rubén. Morgen spiele ich mit Rubén Tennis.
¿Qué **hacéis** el domingo? —**Vamos** a la piscina. Was macht ihr am Sonntag?   – Wir gehen ins Schwimmbad.   Mañana **pienso ir** a la playa. Morgen habe ich vor, an den Strand zu gehen.

Mit *ir a* + Infinitiv kann man über Ereignisse in der nahen Zukunft sprechen. Oft wird dadurch gleichzeitig eine Absicht ausgedrückt. Im Deutschen benutzt man stattdessen meist einfach das Präsens.

Auch im Spanischen kann man das *presente* für zukünftige Handlungen verwenden. Sie wirken dann noch sicherer. Wenn man etwas vorhat, aber noch nicht ganz so sicher ist, kann man auch *pensar* + Infinitiv benutzen.

33 *Der indefinite Begleiter <u>otro</u>*
El determinante indefinido <u>otro</u>

otr**o**	plan	otr**os**	planes
otr**a**	idea	otr**as**	ideas

Los/Mis otros libros están en la estantería. **Die/Meine anderen** Bücher stehen im Regal.   Tengo **otra** idea. Ich habe **eine andere** Idee.   ¿Quieres **otro** zumo? Möchtest du **noch einen** Saft?

Otro wird wie ein Adjektiv auf *-o* dekliniert (vgl. § 10).

Vor *otro* kann ein bestimmter Artikel oder ein Possessivbegleiter stehen, aber kein unbestimmter Artikel.
Otro/otra (Sg., ohne sonstigen Begleiter) + Nomen bedeutet „**ein** anderer/**eine** andere/**ein** anderes" oder „noch **ein(e)**".

Pass auf beim Reden und beim Schreiben, lass *un* vor *otro* immer bleiben!

Unidad 4 A

§ 34 Die Grundzahlen ab 100
Los números cardinales a partir de 100

cien, doscientas, trescientas, ...

100	ciento/cien	101	ciento uno
200	doscientos, -as	175	ciento setenta y cinco
300	trescientos, -as	515	quinientos/-as quince
400	cuatrocientos, -as	2.000	dos mil
500	quinientos, -as	4.001	cuatro mil uno
600	seiscientos, -as	100.000	cien mil
700	setecientos, -as	999.999	novecientos/-as
800	ochocientos, -as		noventa y nueve mil
900	novecientos, -as		novecientos/-as
1000	mil		noventa y nueve

Zehner- und Einerzahlen werden ohne *y* an Hunderterzahlen angeschlossen.

Die Zahl 100 lautet *cien*, wenn sie direkt vor einem Nomen oder vor *mil* steht.
Wenn eine Zehner- oder Einerzahl folgt, sagt man *ciento*.
Steht die Zahl allein, kann man *cien* oder *ciento* verwenden:
cien sandwiches/botellas   **cien** mil años   **ciento** veinte   el número **cien/ciento**

Die Hunderterzahlen richten sich ab 200 nach dem Genus des folgenden Nomens (auch
wenn ein weiteres Zahlwort folgt oder vorangeht):
doscient**os** churros   doscient**as** (cincuenta) peras   mil quinient**as** pesetas

§ 35 ¿cuánto?, tanto und demasiado als Begleiter und Pronomen
¿cuánto?, tanto y demasiado como determinantes y pronombres

¿cuánto	dinero?	**tanto**	dinero	**demasiado**	dinero
¿cuánta	fruta?	**tanta**	fruta	**demasiada**	fruta
	wie viel ...?		so viel ...		zu viel ...
¿cuántos	discos?	**tantos**	discos	**demasiados**	discos
¿cuántas	sillas?	**tantas**	sillas	**demasiadas**	sillas
	wie viele ...?		so viele ...		zu viele ...
Necesitamos fruta.		Necesito seis sillas.		¿Preparo veinte sándwiches?	
—¿**Cuánta**?		—No tengo **tantas**.		—Son **demasiados**.	

¿cuánto?, *tanto* und *demasiado* werden wie Adjektive auf -*o* dekliniert und richten sich
in Genus und Numerus nach dem Nomen, auf das sie sich beziehen.

¿**Cuánto** es/cuesta? Wie viel macht das?
¿**Cuántos** sois? ¿Diez?—No, no **tantos**.
Wie viele seid ihr? Zehn? – Nein, nicht so viele.
¿Siempre comes **tanto**? Ißt du immer so viel?
Comes **demasiado**. Du ißt zu viel.
No hay bastantes sillas. Somos **dema-siados**. ... Wir sind zu viele.
El jamón es **demasiado** caro. Der Schinken ist zu teuer.

Ohne Bezug auf ein Nomen verwendet
man in Fragen nach dem Preis immer die
Form *cuánto* und in Fragen nach der An-
zahl von Personen die Form *cuántos*.
Entsprechend werden auch die Formen
tanto/tantos und *demasiado/demasiados*
verwendet.
Demasiado wird auch als Adverb ge-
braucht und ist dann unveränderlich.

36 Mengenangaben mit <u>de</u>
Expresiones de cantidad con <u>de</u>

dos botellas **de** coca-cola
zwei Flaschen Coca-Cola
una bolsa **de** fruta
eine Tüte Obst
medio kilo **de** peras
ein halbes Kilo Birnen
un kilo **de** plátanos
ein Kilo Bananen
un kilo y medio **de** naranjas
anderthalb Kilo Orangen
dos **kilos de** manzanas
zwei **Kilo** Äpfel

Im Spanischen setzt man zwischen die Mengenbezeichnung und das folgende Nomen die Präposition *de*. (Vergleiche den englischen und französischen Gebrauch: *two bottles **of** Coke; deux bouteilles **de** coca-cola*.)

➡ Während die Mengenbezeichnung „Kilo" im Deutschen unveränderlich ist, steht *kilo* im Spanischen im Plural, wenn die vorangehende Zahl 2 oder größer ist.

37 Die Demonstrativbegleiter und -pronomen
Los determinantes y pronombres demostrativos

Im Spanischen gibt es drei Reihen von Demonstrativbegleitern und -pronomen. Sie bezeichnen drei unterschiedliche Grade der Entfernung:

Begleiter		Pronomen	Begleiter		Pronomen	Begleiter		Pronomen
este	zumo	éste	ese	zumo	ése	aquel	zumo	aquél
esta	pera	ésta	esa	pera	ésa	aquella	pera	aquélla
		esto			eso			aquello
estos	zumos	éstos	esos	zumos	ésos	aquellos	zumos	aquéllos
estas	peras	éstas	esas	peras	ésas	aquellas	peras	aquéllas

Mit *este, éste, esta, ésta* usw. wird bezeichnet, was sich in unmittelbarer Nähe des Sprechenden befindet: *estas peras* „diese Birnen hier (bei mir)"

Mit *ese* usw. bezeichnet man, was sich in der Nähe des Angesprochenen befindet oder nicht sehr weit von beiden entfernt ist: *esas peras* „die Birnen da (bei dir)"

Mit *aquel* usw. wird bezeichnet, was sich weder in der Nähe des Sprechers noch des Angesprochenen befindet, also von beiden weiter entfernt ist: *aquellas peras* „die Birnen dort (drüben)"

Este libro es muy interesante.
Dieses Buch ist sehr interessant.

—¿Me das el **libro**? —¿**Éste**? —No,
aquél, en la mesa. Gibst du mir das Buch? –
Dieses hier? – Nein, das dort, auf dem Tisch.

¿Qué es **esto**? Was ist das hier?
—¿Nos falta algo? —No, **eso** es todo.
Brauchen wir sonst noch etwas? – Nein, das ist
alles.

Die Demonstrativ**begleiter**, d.h. die For-
men, die vor einem Nomen stehen, werden
ohne Akzent geschrieben.
Dagegen werden die Demonstrativ**prono-
men,** die einen Demonstrativbegleiter +
Nomen ersetzen, **mit Akzent** geschrieben.

Die **Pronomen** in der **Neutrumform** *esto*,
eso und *aquello* (selten) beziehen sich auf
kein bestimmtes Nomen. Sie werden **ohne
Akzent** geschrieben.

§ 38 Personalpronomen als indirektes Objekt
Los pronombres personales de complemento indirecto

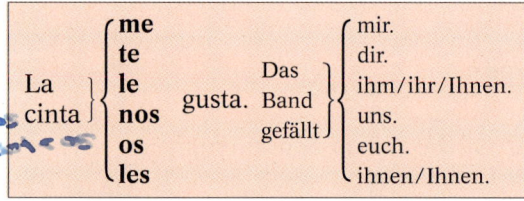

La cinta
$\left\{\begin{array}{l}\text{me}\\\text{te}\\\text{le}\\\text{nos}\\\text{os}\\\text{les}\end{array}\right.$
gusta. Das Band gefällt
$\left\{\begin{array}{l}\text{mir.}\\\text{dir.}\\\text{ihm/ihr/Ihnen.}\\\text{uns.}\\\text{euch.}\\\text{ihnen/Ihnen.}\end{array}\right.$

Ein indirektes Objekt im Spanischen
entspricht oft einem Dativobjekt im
Deutschen.
Ein Personalpronomen als indirektes Ob-
jekt steht im Spanischen vor dem Verb.

¿Por qué no comes? ¿No *te* gusta la
comida? **Schmeckt** *dir* das Essen nicht?
—¿Quieres un chocolate? —No, no *me*
gusta el chocolate. Nein, *ich* mag keine Scho-
kolade.
Voy a preparar una macedonia. ¿Qué *os*
parece? Was **haltet** *ihr* davon? (*Vergleiche:* Wie
gefällt *euch* das?)

➡ Das Verb *gustar* hat verschiedene Be-
deutungen, die im Deutschen nicht
immer durch ein Verb mit indirektem
Objekt wiedergegeben werden.

Auch bei anderen Verben benutzt
man im Deutschen z.T. unterschiedli-
che Konstruktionen.

Unidad 4B

¡Mirad!

§ 39 Der bejahte Imperativ der 2. Person
El imperativo afirmativo de segunda persona

Infinitiv	esp**er**ar	warten	vol**ver**	zurückkommen	s**ubir**	einsteigen
Imperativ						
– Singular	esp**er**a	warte!	**vuel**ve	komm zurück!	s**ube**	steig ein!
– Plural	esp**er**ad	wartet!	vol**ved**	kommt zurück!	s**ubid**	steigt ein!

Der bejahte Imperativ der 2. Person Singular entspricht – von einigen Ausnahmen abgese-
hen – der 3. Person Singular Präsens. (Zur Bildung dieser Form vgl. §§ 6, 17, 26, 29, 42.)
In der 2. Person Plural wird das *-r* des Infinitivs durch ein *-d* ersetzt.
Vor allem in der Umgangssprache wird anstelle des Imperativs in 2. Person Plural oft der
Infinitiv verwendet:

¡Escuch**ad**! / ¡Escuch**ar**!   Hört zu! / Zuhören!

venir	tener	poner	hacer
ven	ten	pon	haz
venid	tened	poned	haced

➡ Einige Verben bilden den Imperativ der 2. Person Singular, indem sie den Infinitiv um die Endung verkürzen. Beachte die Schreibung von *haz* (vgl. § 44).

Beachte die Zeichensetzung:

Quita la mesa, por favor.
Räum bitte den Tisch ab!
¡Ven, deprisa!
Komm, schnell!

Im Spanischen setzt man nach Aufforderungssätzen normalerweise einen Punkt.
Zwischen Ausrufezeichen setzt man sie nur bei erregt oder laut gesprochenen Aufforderungen.

40 Personen als direktes Objekt
El complemento directo de persona

¿Conoces *a* **Rubén**? Kennst du Rubén?
Chema busca *a* **sus amigos.** Chema sucht seine Freunde. (= bestimmte Personen)

Chema busca **sus libros.**
Chema sucht seine Bücher.
Buscamos **un camarero.** Wir suchen einen Kellner. (= irgend einen, keine bestimmte Person)
Necesitamos **personas jóvenes** para un trabajo interesante. Wir brauchen junge Leute für eine interessante Arbeit.

Wenn das direkte Objekt bestimmte Personen bezeichnet, wird es durch die Präposition *a* eingeleitet.

Handelt es sich um Sachen oder unbestimmte Personen, steht keine Präposition vor dem direkten Objekt.

41 Verben auf *-zco*
Los verbos en -zco

conocer (kennen, kennenlernen)	
conozco	conocemos
conoces	conocéis
conoce	conocen

Ebenso: ofrecer – ofre**zc**o
parecer – pare**zc**o

Verben dieser Gruppe werden im Wörterverzeichnis durch (*-zco*) gekennzeichnet.

42 Verben mit Diphthongierung auf *-ue-* (2)
Verbos con diptongación en -ue- (2)

poder können	
	p**ue**do
	p**ue**des
	p**ue**de
podemos	
podéis	
	p**ue**den

Mit *jugar* hast du schon ein Gruppenverb kennengelernt, bei dem der Vokal in den stammbetonten Formen zu *-ue-* diphthongiert wird (vgl. § 29). Mit Ausnahme von *jugar* lautet der Stammvokal in den endungsbetonten Formen solcher Verben *-o-* (nicht *-u-*). Ansonsten gilt das in § 29 Gesagte.

Ebenso: costar – cuesta, cuestan

§ 43 Die Verwendung von _saber_ und _poder_
El uso de _saber_ y _poder_

Saber und *poder* werden im Deutschen beide mit *können* wiedergegeben. Es besteht aber ein Bedeutungsunterschied zwischen den beiden spanischen Verben.

Mi hermana pequeña todavía no **sabe** leer. Meine kleine Schwester **kann** noch nicht lesen. ¿**Sabes** bailar? **Kannst** du tanzen? No **puedo** venir. Tengo que ir de compras. Ich **kann** nicht mitkommen. Ich muß einkaufen gehen. ¿**Puedo** entrar? **Kann** ich hereinkommen? Ahora **podéis** ir a casa. Jetzt **könnt** ihr nach Hause gehen.	*Saber* + Infinitiv benutzt man für eine erlernte Fähigkeit, wie Schreiben, Lesen, eine Sportart usw. *Poder* + Infinitiv benutzt man, wenn äußere (auch persönliche) Umstände etwas zulassen. *Poder* kann, wie das deutsche *können*, auch im Sinn von „die Erlaubnis haben" gebraucht werden.

§ 44 Orthographische Änderungen zur Erhaltung der Aussprache
Cambios ortográficos para conservar la pronunciación

Damit die Aussprache bestimmter Konsonanten im Singular und Plural und in den verschiedenen Verbformen gleich bleibt, ändert sich in gewissen Fällen die Schreibung. (Vgl. die Ausspracheregeln auf S. 108 – 109 des Schülerbuchs.)

[θ]	Soy feliz.	[fe'liθ]	Ein *z* im Auslaut eines Adjektivs oder Nomens ändert sich im Plural zu *c*.
	Somos feli**ces**.	[fe'liθes]	
[x]	co**g**er	[ko'xer]	Ein *g* vor der Infinitivendung -*er* ändert sich vor der Endung -*o* zu *j*.
	co**jo**	['koxo]	(Im Lauf der Zeit lernst du noch weitere orthographische Änderungen kennen.)
	(Aber: co**g**es, co**g**e, co**g**emos usw.)		

Unidad 5A

§ 45 Die reflexiven Verben
Los verbos reflexivos

ducharse	(sich) duschen
me ducho	ich dusche (mich)
te duchas	du duschst (dich)
se ducha	er/sie duscht (sich)
nos duchamos	wir duschen (uns)
os ducháis	ihr duscht (euch)
se duchan	sie duschen (sich)

Als reflexiv bezeichnet man Verben, die ein Reflexivpronomen (*me, te, se* usw.) als Objekt haben.
Das Reflexivpronomen wird im Spanischen an den Infinitiv angehängt, es steht aber **vor** der konjugierten Verbform.

Nos acostamos a las diez y **nos** levantamos a las ocho. Wir gehen um zehn Uhr ins Bett und stehen um acht Uhr auf.

➡ Vielen Verben, die im Spanischen reflexiv sind, entsprechen im Deutschen nicht reflexive Verben.

46 Der Gebrauch von <u>ser</u> und <u>estar</u> bei Adjektiven
El uso de <u>ser</u> y <u>estar</u> con adjetivos

In § 15 hast du schon etwas über den Gebrauch von *ser* und *estar* erfahren, die beide dem deutschen *sein* entsprechen. Hier erfährst du, wann man welches der beiden Verben vor Adjektiven verwendet.

Rubén **es** alto y rubio. Rubén ist groß und blond. Aquí los camareros **son** muy simpáticos. Hier sind die Kellner sehr nett.	Juanita **está** muy cansada. Juanita ist sehr müde. Las calles **están** llenas de gente. Die Straßen sind voller Menschen.

Ser benutzt man für ein unveränderliches Merkmal oder eine typische Eigenschaft.

Estar benutzt man für einen momentanen, veränderlichen Zustand.

Aufgrund ihrer Bedeutung werden bestimmte Adjektive meist mit *ser*, anderere meist mit *estar* gebraucht, z.B.:

ser +		estar +	
	grande groß **fácil** leicht **diferente** anders **interesante** interessant **caro,-a** teuer **aburrido,-a** langweilig		**satisfecho,-a** zufrieden **contento,-a** froh **lleno,-a** voll **cansado,-a** müde **abierto,-a** offen **sucio,-a** schmutzig

Yo **estoy** satisfecha.
Ich bin zufrieden.
Yo **soy** una persona satisfecha.
Ich bin eine zufriedene Person.

➡ *Estar* kann nur direkt beim Adjektiv stehen. (Vgl. prädikativer Gebrauch von Adjektiven, § 10).
Vor Nomen steht immer *ser*, auch wenn dem Nomen ein Adjektiv wie *satisfecho,-a* folgt.

47 Estar bei Adverbien
Estar con adverbios

¿Qué tal **estás**? Wie geht's?
Estoy bien. Mir geht es gut.
Estoy mal. Mir geht es schlecht.
Estoy así, así. Mir geht es so la la.

Estamos aquí. Wir sind hier.
El hotel no **está** lejos.
Das Hotel ist nicht weit weg.

Todos los profesores **son** así.
Alle Lehrer sind so.

Um einen Gesundheitszustand oder ein sonstiges momentanes Befinden zu beschreiben, benutzt man *estar* und ein Adverb wie *bien*, *mal* oder *así, así*.

Auch bei Ortsadverbien steht *estar* (vgl. § 15).

Ausnahme: Das Adverb *así* wird mit *ser* gebraucht.

➡ Beachte den Bedeutungsunterschied:
Mis padres **están bien.** Meinen Eltern **geht es gut.**
Mis notas **son buenas.** Meine Noten **sind gut.**

§ 48 Der indefinite Begleiter und das indefinite Pronomen _todo_
El determinante y el pronombre indefinido _todo_

1. _Todo_ als Begleiter

todo el curso	der ganze Kurs
toda la clase	die ganze Klasse
todos los chicos	alle Jungen
todas las chicas	alle Mädchen

Todo richtet sich wie andere Begleiter nach dem folgenden Nomen. Meistens steht zwischen _todo_ und dem Nomen der bestimmte Artikel.

Paso **todo el** día en el instituto.
Ich verbringe **den ganzen** Tag im Gymnasium.
Todos los bares están abiertos.
Alle Kneipen sind offen.
Tengo clase **todos los** días.
Ich habe **jeden** Tag Unterrricht.
Toda la gente me llama Bárbara.
Alle nennen mich/**Jeder** nennt mich Bárbara.

Die Singularform wird meist mit (_der/die/das_) _ganze_ wiedergegeben.
Für die Pluralform benutzt man im Deutschen teils _alle_, teils _jeder_.

Die Singularform _toda la gente_ entspricht dem deutschen _alle (Leute)_ oder _jeder_.

2. _Todo_ als Pronomen

¿Conoces mis **fotos**? — Sí, **todas** son muy bonitas. Ja, **alle** sind sehr schön.
Todos se divierten. **Alle** amüsieren sich.
Todas están cansadas. **Alle** sind müde.
¿Algo más? —No, eso es **todo**.
Sonst noch etwas? – Nein, das ist **alles**.

Die Pluralformen richten sich im Genus nach dem Nomen, das sie vertreten.
Sie können sich auch auf eine Gesamtheit von Personen beziehen.
Der neutralen deutschen Form _alles_ entspricht im Spanischen _todo_.

§ 49 Der Komparativ höheren und niedrigeren Grades
El comparativo de superioridad e inferioridad

Salamanca es **más** _pequeña_ y **menos** _conocida_ que Hamburgo. Salamanca ist **klein**er und **weniger** _bekannt_ als Hamburg.

En alemán mis notas son mucho **mejores**, pero en español son **peores**. In Deutsch sind meine Noten viel **besser**, aber in Spanisch sind sie **schlechter**.
¿Estás **mejor**? —¡No, **peor**!
Geht es dir **besser**? – Nein, **schlechter**!

Ahora es **más** _fácil_ (**que** antes).
Jetzt ist es _leichter_ (**als** vorher).

Tengo **más** _vacaciones_ **que** vosotros.
Ich habe **mehr** _Ferien_ als ihr.
Los fines de semana duermo _menos_.
Am Wochenende schlafe ich **weniger**.

Der Komparativ höheren Grades wird mit _más_ gebildet, der Komparativ niedrigeren Grades mit _menos_.

➡ Beachte folgende unregelmäßige Komparativformen:
  bueno und **bien** → **mejor** (es)
  malo und **mal** → **peor** (es)
  bei Mehrzahl

Der zweite Teil des Vergleiches wird durch _que_ eingeleitet (oder ganz weggelassen).

Más und _menos_ können nicht nur vor einem Adjektiv oder Adverb stehen, sondern auch vor einem Nomen oder sich auf ein Verb beziehen.

z.B. Uli es mas alto que Caro
más/menos + Adjektiv + que + Vergleichswort

Unidad 5B

50 Tener que und hay que + Infinitiv
Tener que y hay que + infinitivo

Tienes que *encontrar* un empleo seguro. Du **musst** eine sichere Arbeitsstelle *finden.* **No tengo que** *trabajar* mañana. Ich **brauche** morgen **nicht** *zu arbeiten.* **No podemos** *hablar* en clase. Wir **dürfen** während des Unterrichts nicht reden.	*Tener que* hat ein persönliches Subjekt und entspricht dem deutschen *müssen.* Die verneinte Form *no tener que* entspricht *nicht müssen, nicht (zu ...) brauchen.* Für *nicht dürfen* kann man im Spanischen *no poder* verwenden.
Hay que *hacer* esfuerzos. **Man muss** sich **anstrengen.** Quiero ser mecánico. **No hay que** *estudiar.* Man **braucht** nicht *zu studieren.* **No hay que** *ser* pesimista. **Man sollte nicht** pessimistisch *sein.*	Die unpersönliche Form *hay que* entspricht dem deutschen *man muss.* *No hay que* ist doppeldeutig. Es kann sowohl *man muss / braucht nicht* als auch *man darf / sollte nicht* entsprechen.

handschriftliche Notizen: muss konjugiert werden · nicht konjugieren · danach immer Infinitiv

51 Acabar de + Infinitiv zum Ausdruck der jüngsten Vergangenheit
Acabar de + infinitivo para referirse al pasado reciente

Mi padre **acaba de** *perder* el trabajo. Mein Vater **hat gerade** seine Arbeit *verloren.* **Acabo de** *terminar* la formación profesional. Ich **habe** meine Ausbildung **gerade** *abgeschlossen.* Rosa **acaba de** *terminar* el bachillerato. Rosa **hat gerade** das „bachillerato" *hinter sich gebracht.*	*Acabar* bedeutet an sich *enden, beenden, fertig machen.* Die Konstruktion *acabar de* + Infinitiv bedeutet *etwas gerade / soeben getan haben.*

52 Die Stellung des Reflexivpronomens in Sätzen mit Hilfsverb
La colocación del pronombre reflexivo en frases con verbos auxiliares

a) No **se** quieren ensuciar las manos.
b) No quieren ensuciar**se** las manos.
  Sie wollen sich nicht die Hände schmutzig machen.
a) **Me** tengo que levantar pronto.
b) Tengo que levantar**me** pronto.
  Ich muss früh aufstehen.
	In Sätzen mit Hilfsverb + Infinitiv gibt es für das Reflexivpronomen zwei Stellungsmöglichkeiten:
	a) vor dem Hilfsverb (z.B. querer, tener que, poder, saber, ir a, pensar), *acabar de*
	b) nach dem Infinitiv und mit diesem zusammengeschrieben.

➡ **Aber nur:**
  Hay que levantar**se.**
  Man muß aufstehen.
	➡ Bei unpersönlichen Formen wie *hay que* kann das Reflexivpronomen nur an den Infinitiv angehängt werden.

§ 53 Personalpronomen nach Präpositionen
Los pronombres personales con preposiciones

para	**mí**	entre	**nosotros, -as**
sin	**ti**	con	**vosotros, -as**
contra	**él**	sobre	**ellos**
de	**ella**	en	**ellas**
a	**usted**	por	**ustedes**

Para **mí** es más importante que para **ti**.
Für mich ist es wichtiger als für dich.

In der 1. und 2. Person Singular benutzt man nach Präpositionen eine andere Form des Personalpronomens als im Subjektfall (vgl. § 5).

➡ *Mí* hat einen Akzent, damit es sich vom Begleiter *(mi casa)* unterscheidet. *Ti* hat keinen Akzent, da der Begleiter anders lautet *(tu casa)*.

§ 54 Relativsätze mit que
Oraciones de relativo con que

Tengo un trabajo **que *me gusta mucho.*** Ich habe eine Arbeit, die mir sehr gefällt.
El informe **que *acabo de leer*** es muy interesante. Der Bericht, den ich gerade gelesen habe, ist sehr interessant.
Conozco a una chica **que *estudia informática en Madrid.*** Ich kenne ein Mädchen, das in Madrid Informatik studiert.
Me divierto con los compañeros **que *tienen mi edad.*** Ich habe Spaß mit den Kollegen, die in meinem Alter sind.
Mi hermano, **que *tiene 28 años,*** todavía vive en casa. Mein Bruder, der 28 Jahre alt ist, wohnt noch immer zu Hause.

Que ist das am häufigsten verwendete Relativpronomen im Spanischen. Es kann sich auf Sachen oder Personen beziehen und kann Subjekt oder Objekt des Relativsatzes sein.

Für das Verständnis des Satzes notwendige Relativsätze werden im Spanischen **nicht** durch Kommas abgetrennt.
Nur nicht notwenige Relativsätze stehen zwischen Kommas.

§ 55 Ser in der Bedeutung „(beruflich) werden"
Ser para referirse a la profesión futura

Pablo trabaja en SEAT. **Es** mecánico.
Pablo arbeitet bei SEAT. Er **ist** Mechaniker.
Rosa quiere estudiar y **ser** médica.
Rosa will studieren und Ärztin **werden.**
Maribel va a **ser** programadora.
Maribel **wird** Programmiererin.

Ser + Berufsbezeichnung kann nicht nur „(von Beruf) sein" bedeuten (vgl. § 15), sondern – vor allem in Verbindung mit Hilfsverben wie *querer* und *ir a* – ein berufliches Ziel bezeichnen. Im Deutschen benutzt man dafür das Verb *werden.*

Va a ser mecánica.

Unidad 6 A

56 Die Bildung des Partizip Perfekt
La formación del participio pasado

1. Konjugation	2. und 3. Konjugation
pens(ar) mir(ar) d(ar) lleg(ar) } + **ado** = { pensado gedacht mirado geschaut dado gegeben llegado gekommen	ten(er) s(er) sal(ir) sub(ir) } + **ido** = { tenido gehabt sido gewesen salido weggegangen subido eingestiegen

Das Partizip Perfekt wird bei den meisten Verben mit der Stammform (d.h. dem Infinitiv ohne die Endung *-ar, -er* oder *-ir*) und der Endung *-ado* bzw. *-ido* gebildet.

ca(er) le(er) o(ír) hören } + **ido** = { caído leído oído gehört	➡ Wenn die Stammform auf *-a, -e* oder *-o* endet, erhält das *-i* der Endung *-ido* einen Akzent, damit es als getrennte, betonte Silbe ausgesprochen wird (vgl. Schülerbuch S. 109 – 110).
ver sehen → **visto** gesehen	Es gibt auch unregelmäßige Partizipien, wie *visto*.

57 Bildung und Gebrauch des pretérito perfecto
Formación y uso del pretérito perfecto

Hilfsverb *haber* + Partizip Perfekt	
(Yo) **he** (Tú) **has** (Ella) **ha** (Nosotros) **hemos** (Vosotras) **habéis** (Ustedes) **han** } **visto** todo.	Das *pretérito perfecto* wird bei allen Verben mit der entsprechenden Präsensform des Hilfsverbs *haber* und dem Partizip Perfekt gebildet.
El conductor no **ha mirado** a la derecha. Der Fahrer **hat** nicht nach rechts **geschaut.** Hoy Barbara *se* **ha despertado** tarde. Heute **ist** Barbara zu spät **aufgewacht.** Una mujer *le* **ha pedido** su dirección. Eine Frau **hat** sie um ihre Adresse **gebeten.**	Im Gegensatz zum deutschen Perfekt werden Hilfsverb und Partizip Perfekt im Spanischen nie voneinander getrennt. Pronomen als Objekte stehen vor dem Hilfsverb *haber,* andere Objekte meist hinter dem Partizip Perfekt.
Hoy Barbara no **ha llegado** al instituto. Heute ist Barbara nicht im Gymnasium angekommen. No **he estado** *en mi vida* en un hospital. Ich war noch nie in meinem Leben in einem Krankenhaus. Puedo explicar el accidente. **He visto** todo. Ich kann den Unfall erklären. Ich habe alles gesehen.	Das *pretérito perfecto* drückt aus, dass eine bereits vergangene Handlung in Verbindung mit der Gegenwart betrachtet wird. Es wird besonders dann verwendet, wenn ein noch andauernder Zeitraum des Geschehens genannt wird (z.B. *hoy, este mes, en mi vida, todavía*), oder wenn die Auswirkungen des Geschehens auf die Gegenwart betont werden.

§ 58 Verben mit Vokaländerung: -e- → -i-
Verbos con cambio de vocal: -e- → -i-

ser**vir** dienen
sirvo
sirves
sirve
ser**vimos**
ser**vís**
sirven

Außer Gruppenverben mit Diphthongierung (vgl. §§ 26, 29, 42) gibt es auch solche mit Vokaländerung von *-e-* in den endungsbetonten Formen zu *-i-* in den stammbetonten Formen. Im Wörterverzeichnis steht hinter diesen Verben in Klammern *-i-*, z.B.: servir (-i-). Weitere Beispiele:

seguir (-i-)	fortfahren	repetir (-i-)	wiederholen
pedir (-i-)	bitten	despedirse (-i-)	sich verabschiden

➡ Beachte die Änderung der Schreibung bei *seguir* [se'gir] zur Erhaltung der Aussprache [g]:
si**g**o ['sigo], si**gu**es ['siges], si**gu**e ['sige], usw.

§ 59 Die Präposition <u>para</u> + Infinitiv zum Ausdruck eines Zwecks
La preposición <u>para</u> + infinitivo para expresar finalidad

Para llegar antes, va en bicicleta. Um schneller hinzukommen, fährt sie mit dem Rad.
Este aparato sirve **para pelar** patatas. Dieser Apparat dient dazu, Kartoffeln zu schälen.

Tienes una excusa estupenda **para no ir** al instituto. Du hast eine tolle Ausrede, nicht in die Schule zu gehen.

Die Konstruktion *para* + Infinitiv drückt wie deutsche Infinitivkonstruktionen mit (*um*) *zu* aus, wozu jemand etwas tut, oder wozu eine Sache dient oder tauglich ist.

Sie wird verneint, indem man *no* vor den Infinitiv stellt.

Unidad 6 B

§ 60 Die Konjunktionen <u>e</u> und <u>u</u> (statt <u>y</u> und <u>o</u>)
Las conjunciones <u>e</u> y <u>u</u> (en vez de <u>y</u> y <u>o</u>)

La escayola es grande **e i**ncómoda.
Der Gips ist groß und unbequem.
El brazo está roto **e hi**nchado.
Der Arm ist gebrochen und geschwollen.
siete **u o**cho semanas
sieben oder acht Wochen
exámenes escritos **u o**rales
schriftliche oder mündliche Prüfungen

[ei] versteht man besser als [i:], und [uo] versteht man besser als [o:].

Um Missverständnisse zu vermeiden, verwendet man
– *e* statt **y,** wenn das nächste Wort mit [i] beginnt
– *u* statt **o,** wenn das nächste Wort mit [u] beginnt.

61 Unregelmäßige Partizip-Perfekt-Formen
Participios pasados irregulares

vol<u>ve</u>r	zurückkommen	→ **vuelto**	zurückgekommen
po<u>ne</u>r	setzen/stellen/legen	→ **puesto**	gesetzt/gestellt/gelegt
escri<u>bir</u>	schreiben	→ **escrito**	geschrieben
ha<u>ce</u>r	machen	→ **hecho**	gemacht
mo<u>ri</u>r	sterben	→ **muerto**	gestorben

Neben *visto* (vgl. § 56) gibt es noch eine Reihe weiterer unregelmäßiger Partizipien. Diese hier hast du in *Unidad 6B* kennengelernt.

62 Personalpronomen als Objekt nach Imperativ und Infinitiv
Pronombres personales de complemento tras el imperativo y el infinitivo

Te quiero decir algo./Quiero decir**te** algo.
Ich möchte dir etwas sagen.
¿**Os** puedo ofrecer un refresco?/¿Puedo ofrecer**os** un refresco?
Kann ich euch eine Erfrischung anbieten?

Necesito media hora para verstir**me**. Ich brauche eine halbe Stunde um mich anzuziehen.
Da**me** el periódico. Gib mir die Zeitung.
Escribid**nos** pronto. Schreibt uns bald.

Tráe**me** los apuntes. Bring mir die Notizen.
Vgl.: Tra**e** los apuntes.
Bring die Notizen her.
¡Imagí**nate**! Stell dir mal vor!
¡Despié**rtate**! Wach auf!
Escríbe**me** pronto. Schreib mir bald.

Pon**eos** camisetas. Zieht euch T-Shirts an.
Tom**aos** una coca cola por mí.
Trinkt ein Coca-Cola an meiner Stelle.
Levant**aos** enseguida y vest**íos.**
Steht sofort auf und zieht euch an.

In § 52 hast du gelernt, dass Reflexivpronomen in Sätzen mit Hilfsverb + Infinitiv vor dem Hilfsverb stehen oder an den Infinitiv angehängt werden können. Dasselbe gilt für Personalpronomen als Objekt.

An einen Infinitiv, dem kein Hilfsverb vorausgeht, und an einen bejahten Imperativ wird das Pronomen immer angehängt und verschmilzt mit ihm zu **einem** Wort.

➡ Damit die Betonung beim Imperativ der 2. Person Singular auf der Stammsilbe bleibt, erhält der Stammvokal bei allen mehrsilbigen Verben einen Akzent, wenn ein Pronomen angehängt wird (vgl. Schülerbuch S. 110).

➡ Der Imperativ der 2. Person Plural verliert vor dem Reflexivpronomen *os* sein Endungs-*d*. Ein *-i-* erhält vor *-os* einen Akzent, damit es als betonte Silbe ausgesprochen wird.

tom**ad**	+	**os**	=	tom**aos**
pon**ed**	+	**os**	=	pon**eos**
vest**id**	+	**os**	=	vest**íos**

d vor *os*?
Lass das bloß!

§ 63 Die indefiniten Begleiter <u>algún</u> und <u>ningún</u>
Los determinantes indefinidos <u>algún</u> y <u>ningún</u>

algún	profesor	irgendein Lehrer		**ningún**	profesor	kein Lehrer
alguna	profesora	irgendeine Lehrerin		**ninguna**	profesora	keine Lehrerin
algunos	profesores	einige/manche Lehrer		**ningunos**	profesores	keine Lehrer
algunas	profesoras	einige/manche Lehrerinnen		**ningunas**	profesoras	keine Lehrerinnen

➡ Ähnliche Bedeutung wie *algunos,-as* hat der indefinite Begleiter *unos,-as*. Er wird oft mit *einige* oder *ein paar,* manchmal aber auch gar nicht übersetzt. Außerdem hat *unos,-as* auch die Bedeutung *ungefähr*:

He quedado con **unos** amigos.   Ich habe mich mit **(ein paar)** Freunden verabredet.
Necesitamos **unas** diez botellas.   Wir brauchen **ungefähr** zehn Flaschen.

§ 64 Bejahte und verneinte Adverbien und indefinite Pronomen
Adverbios y pronombres indefinidos afirmativos y negativos

Außer den indefiniten Begleitern *algún* und *ningún* stehen sich auch folgende Paare von bejahten und verneinten Formen gegenüber:

Bejahte Formen		Verneinte Formen	
alguna vez	schon einmal, jemals	nunca	(noch) nie, niemals
también	auch	tampoco	auch nicht
algo	(irgend) etwas	nada	nichts
alguien	(irgend) jemand	nadie	niemand

§ 65 Die „doppelte Verneinung"
La «negación doble»

Während die doppelte Verneinung vom Typ „Ich traue keinem nicht" (in der Bedeutung „Ich traue niemandem") im Deutschen falsch ist, kommen im Spanischen oft zwei (oder mehr) verneinte Wörter im selben Satz vor.

No he hecho **ningún** examen oral.
Ich habe **noch keine** mündliche Prüfung gemacht.
No he escrito **nunca** con la mano izquierda. Ich habe **noch nie** mit der linken Hand geschrieben.
Nadie ha venido. **Niemand** ist gekommen.
Tampoco puedo ducharme con la escayola. **Auch** duschen kann ich mit dem Gips **nicht**.
No he pedido **nada** a **nadie.**
Ich habe **niemanden** um **etwas** gebeten.
Nadie propone **nunca** soluciones concretas. **Niemand** schlägt **jemals** konkrete Lösungen vor.
Nunca viene **nadie. Nie** kommt **jemand**.

Wenn eine verneinte Form wie *ningún, nunca* usw. (s. §§ 63 und 64) hinter dem Verb steht, so **muss** zusätzlich das Verneinungsadverb *no* vor dem Verb stehen.

Das *no* entfällt jedoch, wenn eine verneinte Form vor dem Verb steht.

Während im Deutschen nur ein einziges verneintes Wort im Satz steht, werden im Spanischen auch bei allen sonstigen in §§ 63–64 genannten Wörtern die verneinten statt der bejahten Formen benutzt, falls eine verneinte Form vorangeht.

66 Die Präposition <u>con</u> + Personalpronomen
La preposición <u>con</u> + pronombres personales

conmigo	con nosotros, -as
contigo	con vosotros, -as
con él/ella/usted	con ellos/ellas/ustedes

¿Por qué no vienes **con** ella?
Warum kommst du nicht **mit** ihr mit?
Contigo somos tres. **Mit** dir sind wir zu dritt.
Siempre tiene que estar alguien **conmigo.**
Jemand muss immer **bei** mir sein.

*C*on verschmilzt mit *mí* und *ti* (vgl. § 53) zu *conmigo* und *contigo*. Bei *él, ella, usted* usw. tritt keine Verschmelzung ein.

Con kann *mit* oder *bei* entsprechen.

67 Ausrufe mit <u>qué</u>
Exclamaciones con <u>qué</u>

¡**Qué** gracioso / graciosa!
Wie lustig! / Sehr witzig!
¡**Qué** simpático el director! Was für ein sympathischer Direktor! / Wie nett der Direktor ist / war!
¡**Qué** rabia! Wie ärgerlich! / So ein Mist!
¡**Qué** miedo! Wie schrecklich! / Wie ich mich davor fürchte! / Ich habe Angst!

Mit *qué* + Adjektiv oder Nomen kann man einen Ausruf bilden. (Adjektive richten sich im Genus nach dem Nomen oder der Person, auf die sie sich beziehen.)
Im Deutschen gibt man solche Ausrufe auf unterschiedliche Art wieder, z.B. durch *wie …, was für ein …, so ein … .*

Unidad 7A

Form von estas + gerundio

68 Die Bildung des <u>gerundio</u>
La formación del <u>gerundio</u>

Verlaufsform der Gegenwart (jetzt, gerade)

1. Konjugation				2. und 3. Konjugation			
prepar(<u>ar</u>)			pensando	hac(<u>er</u>)			haciendo
mir(<u>ar</u>)	+ **ando** =		mi<u>r</u>ando	v(er)	+ **iendo** =		<u>vie</u>ndo
d(<u>ar</u>)			<u>d</u>ando	viv(<u>ir</u>)			viviendo
estudi(ar)			estu<u>d</u>iando	abr(<u>ir</u>)			a<u>br</u>iendo

Das *gerundio* wird mit der Endung *-ando* bzw. *-iendo* gebildet. Bei den meisten Verben wird diese Endung einfach an die Stammform (vgl. § 56) angefügt.

ca(<u>er</u>)	+ **iendo** =	{	ca**yendo**
le(<u>er</u>)			le**yendo**

➡ Zu den Ausnahmen gehören Verben, der 2. und 3. Konjugation, deren Stammform auf einen Vokal endet. Bei ihnen wird das *-i-* zu *-y-*.

ir → yendo

Yo estoy haciendo nada. → Ich mache gerade nichts.

§ 69 *estar + gerundio*

> La pandilla **está preparando** una excursión. Die Clique **ist (gerade) dabei**, einen Ausflug **vorzubereiten.**
> **Están mirando** los folletos.
> Sie **schauen** sich (gerade) die Prospekte an.
> ¿Qué **estás leyendo**? Was **liest** du (gerade)?
> Ahora **están viviendo** en Bilbao.
> Sie **wohnen** jetzt in Bilbao.

Estoy pensando.

Die Konstruktion aus einer Präsensform von *estar* und *gerundio* beschreibt eine Handlung, die sich gerade vollzieht. (Zu den Formen von *estar* vgl. § 14.)
Im Deutschen benutzt man eine Umschreibung wie *dabei sein, zu …* oder das einfache Präsens und fügt oft das Adverb *gerade* zur Verdeutlichung hinzu.

§ 70 Relativsätze mit *donde* und *adonde*
Oraciones de relativo con donde y adonde

> Barcelona es una ciudad **donde *se une el norte y el sur.*** Barcelona ist eine Stadt, **in der/ wo** Norden und Süden sich vereinen.
> La catedral de Santiago es el monumento **adonde *van los turistas.*** Die Kathedrale von Santiago ist die Sehenswürdigkeit, **zu der/wohin** die Turisten gehen.

Die Relativadverbien *donde* und *adonde* leiten Relativsätze ein, die einen Ort oder einen Richtung angeben. Im Deutschen benutzt man hier eine Kombination aus Orts- oder Richtungspräposition + Relativpronomen oder die Relativadverbien *wo* und *wohin.*

§ 71 Das Verstärkungssuffix *-ísimo*
El sufijo aumentativo -ísimo

· wird an Adjektive angehängt

> un puerto grand**ísimo** puertos grand**ísimos**
> una casa grand**ísima** casas grand**ísimas**
>
> fácil einfach facil**ísimo** sehr einfach
> pront(o) bald pront**ísimo** sehr bald
> much(o) viel much**ísimo** sehr viel
>
> Barcelona es una ciudad **interesantísima.**
> Barcelona ist eine **hochinteressante** Stadt.
> Los albergues están siempre **llenísimos.**
> Die Jugendherbergen sind immer **gerammelt voll.**
> Están haciendo **muchísima** publicidad.
> Sie machen zur Zeit **sehr viel** Werbung.

Das Suffix *-ísimo* wird wie Adjektive auf *-o* dekliniert (vgl. § 10).

Es kann an viele Adjektive, Adverbien und indefinite Begleiter angehängt werden, wobei deren Endvokal in der Regel entfällt.

Es verstärkt – ähnlich wie das Adverb *muy* – die Bedeutung des Grundwortes. Im Deutschen benutzt man stattdessen meist ein Adverb wie *sehr, äußerst, höchst.*

> El País Vasco me parece **super interesante.**
> Ich finde das Baskenland **höchst interessant.**

In der Umgangssprache benutzt man auch das Wort *super* zur Verstärkung.

nicht bei ideal, increíble, precioso, estupendo

· un puerto grande ▸ un puerto grandísimo

Unidad 7 B

72 Personalpronomen als direktes Objekt
Los pronombres personales de complemento directo

1. Formen

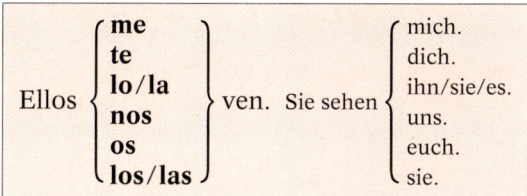

Ellos	me te lo/la nos os los/las	ven. Sie sehen	mich. dich. ihn/sie/es. uns. euch. sie.	

Ein direktes Objekt im Spanischen entspricht oft einem Akkusativobjekt im Deutschen (aber nicht immer! – s. unten). Die Personalpronomen der 1. und 2. Person haben als direktes und indirektes Objekt dieselbe Form (vgl. § 38).

In der 3. Person unterscheiden sich die Pronomen als direktes und indirektes Objekt:

Direktes Objekt: Sg.: *lo/la*, Pl.: *los/las*	Indirektes Objekt: Sg.: *le*, Pl.: *les*
¿Has visto a *Paco*/a *Ana*? —Sí, **lo/la** he visto. Ja, ich habe **ihn/sie** gesehen. ¿Buscas tus *discos/cartas*? **Los/Las** he puesto en la mesa. Ich habe **sie** auf den Tisch gelegt.	*Juan/Luisa* ha caído al suelo. **Le** duelen las rodillas. Die Knie tun **ihm/ihr** weh. Mis *amigos/amigas* vienen a visitarme. **Les** ofrezco un zumo. Ich biete **ihnen** einen Saft an.

Als direktes Objekt gibt es unterschiedliche Formen für Maskulinum und Femininum.

Als indirektes Objekt sind maskuline und feminine Formen gleich.

2. Unterschiede zwischen spanischen und deutschen Konstruktionen

Spanisch: dir. Obj. – Deutsch: Dativ	Spanisch: indir. Obj. – Deutsch: Akkusativ
Yo **la** ayudo. Ich helfe **ihr.**	Yo **le** pregunto. Ich frage **sie/ihn.**

➡ Manche Verben haben im Spanischen ein direktes Objekt, ihre deutschen Entsprechungen dagegen ein Dativobjekt. Umgekehrt entsprechen manche spanischen Verben mit indirektem Objekt einem deutschen Verb mit Akkusativobjekt.

3. Stellung

Es un disco buenísimo. **Lo** voy a poner./
Voy a poner**lo.** —Sí, pon**lo.**

Für die Stellung der Personalpronomen als direktes Objekt gelten die selben Regeln wie für die Stellung der Reflexivpronomen und der Personalpronomen als indirektes Objekt (vgl. §§ 52 und 62).

¿Puedo ayudarlas, señoras?

§ 73 Die Stellung der Pronomen beim <u>gerundio</u>
La colocación de los pronombres con el <u>gerundio</u>

¿Dónde está el periódico? —María **lo** está leyendo./María está leyé**ndolo**. María liest sie gerade.
El profesor **nos** está explicando un texto./ El profesor está explic**ándonos** un texto. Der Lehrer erklärt uns gerade einen Text.
Me estoy duchando./Estoy duch**ándome**. Ich dusche gerade.

Ähnlich wie bei Hilfsverb + Infinitiv können Personalpronomen als direktes oder indirektes Objekt entweder an das *gerundio* angehängt werden oder vor dem Verb *estar* stehen.

➡ Damit die Betonung erhalten bleibt, erhält die *gerundio*-Endung vor einem angehängten Pronomen einen Akzent (vgl. § 62 und Schülerbuch S. 110).

§ 74 Die indefiniten Pronomen <u>alguno</u> und <u>ninguno</u>
Los pronombres indefinidos <u>alguno</u> y <u>ninguno</u>

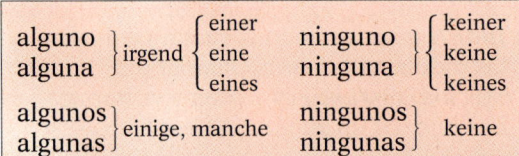

| alguno alguna | } irgend | { einer eine eines | ninguno ninguna | } | { keiner keine keines |
| algunos algunas | } einige, manche | | ningunos ningunas | } keine | |

Diese Pronomen sind mit Ausnahme der maskulinen Singularform identisch mit den indefiniten Begleitern *algún* und *ningún* (vgl. § 63).

Necesito un ***plato***. Dame **alguno**. (= algún plato.) Gib mir **irgendeinen** (Teller).
He visto muchas ***ciudades***. **Algunas** no me han gustado. **Einige** haben mir nicht gefallen.
¿Hay muchas ***discotecas*** en tu ciudad? —No, no hay **ninguna**. Nein, es gibt **keine** (einzige).
Ninguno ***de mis amigos*** sabe jugar al tenis. **Keiner** ***meiner Freunde*** kann Tennis spielen.

Die indefiniten Pronomen *alguno* und *ninguno* vertreten einen indefiniten Begleiter und ein meist zuvor genanntes Nomen.

Sie können auch vor *de* + Nomen stehen, sich also auf ein nachfolgendes Nomen beziehen.

§ 75 Die Fragepronomen <u>cuál</u> / <u>cuáles</u>
Los pronombres interrogativos <u>cuál</u> /<u>cuáles</u>

Aquí hay dos ***impermeables***. ¿**Cuál** quieres? **Welchen** (der beiden) willst du?
¿**Cuál** ***de mis hermanas*** ha llamado? **Welche** ***meiner Schwestern*** hat angerufen?
En la cocina hay un montón de ***platos***. ¿**Cuáles** cojo? **Welche** (der vielen Teller) soll ich nehmen?

¿**Qué** ***platos*** cojo? **Welche** ***Teller*** soll ich nehmen?
¿En **qué** ***casa*** viven? In **welchem** ***Haus*** ...?

Die Fragepronomen *cuál/cuáles* beziehen sich auf ein meist zuvor genanntes Nomen. Sie können aber auch vor *de* + Nomen stehen, sich also auf ein nachfolgendes Nomen beziehen (vgl. § 74). Mit *cuál* fragt man nach einer einzigen Person oder Sache, mit *cuáles* nach mehreren.

➡ *Cuál* und *cuáles* stehen nie direkt vor einem Nomen. Hier ist nur *qué* möglich (vgl. § 20).

76 Die Adjektivformen <u>buen</u> und <u>mal</u>
Las formas apocopadas <u>buen</u> y <u>mal</u>

un **buen** restaurante ein gutes Restaurant Hace **mal** tiempo. Das Wetter ist schlecht. **Aber:** El hotel es **bueno.** Das Hotel ist gut. un camino muy **malo** ein sehr schlechter Weg	Die Adjektive *bueno* und *malo* werden oft vor das Nomen gestellt. Sie verlieren die Endung *-o* vor einem maskulinen Nomen im Singular. (Man nennt einen solchen Wegfall der Endung „Apokope".)

Unidad 8 A

§ 77 Die Bildung des <u>pretérito indefinido</u> (1. Konjugation)
La formación del pretérito indefinido (1ª conjugación)

pasar		(Zeit) verbringen	
Pas**é** Pas**aste** Pas**ó** Pas**amos** Pas**asteis** Pas**aron**	cinco años en Lima.	Ich verbrachte Du verbrachtest Er/Sie verbrachte Wir verbrachten Ihr verbrachtet Sie verbrachten	fünf Jahre in Lima.

Saqué la foto en invierno. Ich machte das Foto im Winter. **Busqué** un aparato menos viejo, pero no lo encontré. Ich suchte einen weniger alten Apparat, fand aber keinen. Terminé mi zumo y **pagué.** Ich trank meinen Saft aus und bezahlte. **Empecé** el trabajo a las diez. Ich begann um zehn mit der Arbeit.	➡ Damit die Aussprache bestimmter Konsonaten erhalten bleibt, ändert sich vor der Endung *-é* ihre Schreibung (vgl. Schülerbuch S. 108 – 109; vgl. auch § 44): [k] sa**car** → sa**qué** (aber: sa**caste**, ...) [ɣ] pa**gar** → pa**gué** [θ] empe**zar** → empe**cé**

§ 78 Das <u>pretérito indefinido</u> von <u>ser</u> und <u>ir</u>
El pretérito indefinido de <u>ser</u> y de <u>ir</u>

fui	ich war/ging	**fuimos**	wir waren/gingen		
fuiste	du warst/gingst	**fuisteis**	ihr wart/gingt		
fue	er/sie/es war/ging	**fueron**	wir waren/gingen		

Cuzco **fue** la capital de los incas. Cuzco **war** die Hauptstadt der Inkas. Mi prima **fue** a la selva en 1995. Meine Cousine **ging** 1995 in den Urwald. Se quedaron tres años; después **se fueron.** Sie blieben drei Jahre lang; dann gingen sie weg. ¿Adónde **os fuisteis**? Wo gingt ihr hin?	S*er* und *ir* haben im *pretérito indefinido* die gleichen unregelmäßigen Formen. Um welches Verb es sich handelt, ist nur aus dem Textzusammenhang zu erkennen. Wenn ein Reflexivpronomen vorhanden ist, kann es sich nur um *irse* handeln.

§ 79 Der Gebrauch von <u>pretérito perfecto</u> und <u>pretérito indefinido</u>
El uso del pretérito perfecto y del pretérito indefinido

He sacado esta foto *este verano.* Ich habe dieses Foto diesen Sommer gemacht.	**Saqué** esta foto *la primavera pasada.* Ich machte dieses Foto letztes Frühjahr. / Ich habe dieses Foto letztes Frühjahr gemacht.
Nunca **han visitado** a su prima en la selva. Sie haben noch nie ihre Cousine im Urwald besucht.	*En 1995* **visitaron** a su prima en la selva. 1995 besuchten sie ihre Cousine im Urwald / haben sie ihre Cousine im Urwald besucht.
Este mes **hemos ido** dos veces a Lima. Diesen Monat sind wir schon zweimal nach Lima gefahren.	*Hace tres meses* **fuimos** a Lima. Vor drei Monaten fuhren wir nach Lima / sind wir nach Lima gefahren.

Wie du schon weißt, benutzt man das *pretérito perfecto,* wenn man eine vergangene Handlung in Verbindung mit der Gegenwart sieht (vgl. § 57).
Typisch für diese Betrachtungsweise sind Angaben eines noch andauernden Zeitraums.
Im Deutschen benutzt man hierfür meistens das Perfekt.

Das *pretérito indefinido* benutzt man dagegen, wenn man eine Handlung als völlig der Vergangenheit angehörig betrachtet.
Typisch für diese Betrachtungsweise sind Angaben eines in der Vergangenheit abgeschlossenen Zeitraums.
Im Deutschen benutzt man hierfür – je nach Stilniveau und regionaler Herkunft – teils das Imperfekt, teils das Perfekt.

§ 80 Die Ordnungszahlen bis 10
Los números ordinales hasta 10

$1°/1^a$	primero,-a	$6°/6^a$	sexto,-a
$2°/2^a$	segundo,-a	$7°/7^a$	séptimo,-a
$3°/3^a$	tercero,-a	$8°/8^a$	octavo,-a
$4°/4^a$	cuarto,-a	$9°/9^a$	noveno,-a
$5°/5^a$	quinto,-a	$10°/10^a$	décimo,-a

Aquí está la **primera** diapositiva.
Hier ist das erste Dia.
Yo soy el **segundo** por la derecha.
Ich bin der zweite von rechts.
Sole y Pilar son las **primeras** que llegan.
Sole und Pilar kommen als erste an.
Hoy es mi **primer** día de vacaciones.
Heute ist mein erster Ferientag.
El **tercer** paisaje típico de Perú es la selva.
Die dritte typische Landschaft Perus ist der Urwald.
Hay que hacer los ejercicios de la **sexta** página/de la página **6 (= seis)** y de la página **14 (= catorce).** Wir müssen die Übungen auf Seite 6 und 14 machen.

Wenn Ordnungszahlen in Ziffern geschrieben werden, erhalten die maskulinen Singularformen ein hochgestelltes *o*, die femininen ein hochgestelltes *a*.

Ordnungszahlen werden wie Adjektive auf *-o* dekliniert. Sie richten sich nach Genus und Numerus des Nomens vor dem sie stehen oder auf das sie sich beziehen.

➡ *Primero* und *tercero* verlieren das Endungs-*o* vor einem maskulinen Nomen im Singular (vgl. § 76). (Schreibung in Ziffern: 1er, 3er)

➡ Statt Ordnungszahl + Nomen benutzt man oft Nomen + Grundzahl. Ab 11 ist in der Umgangssprache nur letzteres üblich.

81 Die Konjunktion <u>sino</u> (<u>que</u>)
La conjunción <u>sino</u> (<u>que</u>)

No es español, **sino** argentino. Er ist kein Spanier, **sondern** Argentinier. No soy de Lima, **sino** de Cuzco. Ich bin nicht aus Lima, **sondern** aus Cuzco. No estoy leyendo, **sino que** estoy traba- jando. Ich lese nicht, **sondern** ich arbeite.	S*ino* und *sino que* entsprechen beide dem deutschen *sondern*. *Sino* allein benutzt man vor einem einzelnen Wort oder einer Wortgruppe, aber nie vor einem Verb. *Sino que* benutzt man vor einem Verb, also um einen ganzen Satz einzuleiten.

Unidad 8 B

82 Die Bildung des <u>pretérito indefinido</u> (2. und 3. Konjugation)
La formación del pretérito indefinido (2ª y 3ª conjugación)

1. Regelmäßige Bildung

cono**cer** kennenlernen		sa**lir** hinausgehen		
Cono**cí** Cono**ciste** Cono**ció** Cono**cimos** Cono**cisteis** Cono**cieron**	} a sus padres.	Sa**lí** Sa**liste** Sa**lió** Sa**limos** Sa**listeis** Sa**lieron**	} de la casa.	Die Verben beider Konjugationen haben im *pretérito indefinido* dieselben Endungen.

2. Orthographische Änderungen und Besonderheiten bei Gruppenverben

ca**er** fallen			Wenn ein betontes [i] auf einen Vokal folgt, wird es **immer** mit Akzent geschrieben (vgl. Schülerbuch S. 109-110).
ca**í** ca**íste** (!) ca**yó** (!)	ca**ímos** (!) ca**ísteis** (!) ca**yeron** (!)		Ein [j] zwischen zwei Vokalen ([ka'jo], [ka'jeron]) wird -*y*-geschrieben.
seg**uir** (-i-) fortfahren; bleiben			Bei Verben mit Vokaländerung von -*e*- zu -*i*- (z.B. *seguir, conseguir, despedirse*, vgl. § 58) wird das -*e*- der Stammsilbe zu -*i*-, wenn die Endung mit dem Halbvokal [j] beginnt (also in der 3. Person Sg. und Pl.: [si'gjo], [si'gjeron]).
seg**uí** seg**uiste** sig**uió** (!)	seg**uimos** seg**uisteis** sig**uieron** (!)		
prefe**rir** (-ie-/-i-) vorziehen			Dieselbe Änderung tritt bei bestimmten Verben mit Diphthongierung von -*e*- zu -*ie*- (vgl. § 26) ein. Im alphabetischen Wörterverzeichnis steht hinter diesen Verben in Klammer -*ie-/-i-*. **Ebenso:** divertirse (-ie- / -i-)
prefe**rí** prefe**riste** prefi**rió** (!)	prefe**rimos** prefe**risteis** prefi**rieron** (!)		
dor**mir** (-ue-/-u-) schlafen			Bei *dormir (-ue- / -u-)* und *morir (-ue- / -u-)* wird das -*o*- der Stammsilbe vor einer Endung mit dem Halbvokal [j] zu -*u*-.
dor**mí** dor**miste** dur**mió** (!)	dor**mimos** dor**misteis** dur**mieron** (!)		

§ 83 Unregelmäßige Formen des pretérito indefinido
Formas irregulares del pretérito indefinido

hacer tun	tener haben	venir kommen	poner legen	estar sein
hice	tuve	vine	puse	estuve
hiciste	tuviste	viniste	pusiste	estuviste
hizo	tuvo	vino	puso	estuvo
hicimos	tuvimos	vinimos	pusimos	estuvimos
hicisteis	tuvisteis	vinisteis	pusisteis	estuvisteis
hicieron	tuvieron	vinieron	pusieron	estuvieron

 Proponer wird genauso konjugiert wie *poner*.

§ 84 Objektsätze mit que
Subordinadas de complemento directo con que

> ¿No crees **que *ya hay bastantes orga-**
> **nizaciones como ésa?** Glaubst du nicht, dass
> es schon genügend Organisationen wie diese
> gibt?
> Pienso **que *el proyecto tiene futuro.***
> Ich glaube, dass das Projekt eine Zukunft hat.

Nebensätze mit der Konjunktion *que*
entsprechen deutschen *dass*-Sätzen.
Sie stehen besonders oft nach Verben des
Meinens, wie *creer* und *pensar,* und haben
dann im übergeordneten Satz die Funktion
eines direkten Objekts.

 Im Spanischen werden Objektsätze nicht mit Komma abgetrennt.

§ 85 Das neutrale Objektpronomen lo
El pronombre neutro de complemento directo lo

> La toma de contacto va a ser difícil, ¿no?
> —No **lo** sé. Die Kontaktaufnahme wird schwie-
> rig sein, nicht wahr? – Ich weiß **es** nicht.
> ¿Sabes que el director ha tenido un acci-
> dente? —Sí, **lo** he leído en el periódico.
> Ja, ich habe **es** in der Zeitung gelesen.

Das Pronomen *lo* als direktes Objekt kann
sich nicht nur auf ein maskulines Nomen
im Singular beziehen (vgl. § 72), sondern
auch auf einen Sachverhalt, d.h. auf einen
Satz. Es entspricht dann dem deutschen
unpersönlichen *es.*

Módulo 1

§ 86 Der verneinte Imperativ der 2. Person
El imperativo de segunda persona en negaciones

1. Formen

1. Konjugation		
	Singular	**Plural**
esper(ar) cambi(ar) } + **es/éis** = {	no esperes no cambies	no esperéis no cambiéis

Bei Verben der 1. Konjuga-
tion wird der verneinte Im-
perativ der 2. Person im Sin-
gular mit -*es*, im Plural mit
-*éis* gebildet.

2. und 3. Konjugation		
	Singular	*Plural*
com(er) discut(ir) } + **as/áis** = {	no comas no discutas	no comáis no discutáis

Bei Verben der 2. und 3. Konjugation lauten die verneinten Imperativendungen *-as* und *-áis*.

➡️ Verneintes Präsens: Verneinter Imperativ:
     no esper**as**   no esper**es**   –   **a → e**
     no discut**es**   no discut**as**   –   **e → a**

pensar (-ie-)	no pienses	no penséis
volver (-ue-)	no vuelvas	no volváis
seguir (-i-)	no sigas	no sigáis
hacer (hago)	no hagas	no hagáis
poner (pongo)	no pongas	no pongáis
venir (vengo)	no vengas	no vengáis
estar	no estés	no estéis
ser	no seas	no seáis

➡️ Nur bei den völlig regelmäßigen Verben werden die Endungen einfach an die Stammform gehängt. Merke dir zunächst nur die nebenstehenden Formen. Später erfährst du genauere Regeln dazu.

2. Die Wortstellung beim verneinten Imperativ

No le **digáis** nada. Sagt ihm/ihr nichts.
Pon los libros en la mesa. **No** los **pongas** en la silla. Leg sie nicht auf den Stuhl.
No te **quedes** aquí. Bleib nicht hier.

Personalpronomen als Objekt und Reflexivpronomen stehen zwischen *no* und der Imperativform. Sie werden nicht wie beim bejahten Imperativ angehängt (vgl. § 62).

87 Mit *-mente* abgeleitete Adverbien
Adverbios terminados en *-mente*

1. Bildung

Adjektiv	Adverb
una historia **triste** eine **traurige** Geschichte Estoy **triste**. Ich bin **traurig**.	Se miraron **tristemente**. Sie schauten sich **traurig** an.

Während im Deutschen Adjektive ohne Änderung der Form als Adverbien benutzt werden, bildet man im Spanischen Adverbien mit *-mente*.

Adjektiv	Adverb
perfecto,-a	perfectamente
complicado,-a	complicadamente
natural	naturalmente
fácil	fácilmente
difícil	difícilmente
bueno,-a	bien
malo,-a	mal

Die Endung *-mente* wird an die feminine Singularform des Adjektivs angehängt.

Wird das Adjektiv mit Akzent geschrieben, so behält auch das Adverb den Akzent.

➡️ Zu *bueno,-a* und *malo,-a* gibt es Sonderformen: *bien* und *mal*.

2. Verwendung

Achtung: Kein Adjektiv, sondern ein Adverb benutzt man zur näheren Bestimmung

Tenemos que **participar** activamente. Wir müssen aktiv teilnehmen. No vamos a **separarnos** fácilmente **de Barbara.** Es wird uns nicht leicht fallen, uns von Barbara zu trennen. Eso es **verdaderamente** estupendo. Das ist wirklich toll. El grupo toca **increíblemente** bien. Die Gruppe spielt unglaublich gut. **Naturalmente** no he dicho nada a nadie. Natürlich habe ich niemandem etwas gesagt.	– eines Verbs und seiner Ergänzungen (mit Ausnahme bestimmter Verben, die ein Adjektiv nach sich haben, wie *ser* und *estar*, vgl. §§ 10, 15, 46), – eines Adjektivs, – eines anderen Adverbs, – eines ganzen Satzes.

§ 88 Relativsätze mit lo que
Oraciones de relativo con lo que

Relativsätze mit *lo que* beziehen sich im Gegensatz zu Relativsätzen mit *que* nicht auf ein Nomen im übergeordneten Satz (vgl. § 54).

Siempre discuten, **lo que** no me gusta. Sie streiten ständig, **was** mir nicht gefällt. Trabajan mucho, **lo que** significa que tienen muy poco tiempo. Sie arbeiten sehr viel, **was** bedeutet, dass sie sehr wenig Zeit haben. No sé **lo que** ha pasado. Ich weiß nicht, **was** passiert ist. Hablamos sobre **lo que** vamos a hacer. Wir reden über **das, was** wir tun werden. **Todo lo que** te digo es verdad. **Alles, was** ich dir sage, stimmt.	Sie können sich auf einen vorangehenden Satz beziehen und dessen Inhalt kommentieren oder ergänzen. Sie werden dann mit Komma abgetrennt. Im Deutschen benutzt man hier Relativsätze mit *was*. Sie können auch Objekt oder Subjekt des übergeordneten Satzes sein und entsprechen dann deutschen Nebensätzen mit *was* oder *das, was*. Vor *lo que* kann das indefinite Pronomen *todo* stehen.

➡ Solche Relativsätze werden im Spanischen nicht mit Komma abgetrennt.

§ 89 Der Superlativ von Adjektiven
El superlativo de los adjetivos

Es el trabajo **menos** complicado del mundo. Es ist die **am wenigsten** komplizierte Arbeit der Welt. Mis primos son los **más** activos de mi familia. Meine Cousins sind die *aktiv*sten in meiner Familie. Tienen las ideas **más** interesantes. Sie haben die *interessante*sten Ideen.	Der Superlativ von Adjektiven wird genauso gebildet wie der Komparativ, nämlich durch Voranstellen von *más*, um den höchsten Grad auszudrücken, oder von *menos*, um den niedrigsten Grad auszudrücken (vgl. § 49). Dass es sich um einen Superlativ und nicht um einen Komparativ handelt, erkennt man nur aus dem Kontext.

Módulo 2

90 Die indirekte Rede
El estilo indirecto

1. Indirekte Aussagesätze

(Tengo que irme. →) Pablo dice **que <u>tiene</u> que irse.** Pablo sagt, er müsse gehen. *(Conozco muy bien a <u>tus</u> padres.* →) La señora escribe **que <u>conoce</u> muy bien a mis padres.** Die Dame schreibt, sie kenne meine Eltern sehr gut. *(Nací en América.* →) María me ha contado **que <u>nació</u> en América.** María hat mir erzählt, sie sei in Amerika geboren.	Indirekte Aussagesätze werden mit der Konjunktion *que* eingeleitet (vgl. § 84). Die Personalformen von Verben, Prono- men usw. werden wie im Deutschen der neuen Sprechersituation angepasst. Die Zeiten bleiben jedoch dieselben wie in der direkten Rede, wenn das einleitende Verb des Mitteilens im *presente* (Präsens) oder im *pretérito perfecto* steht.

2. Indirekte Fragesätze

(¿Sois españoles? →) Han preguntado **si somos españoles.** Sie haben gefragt, ob wir Spanier sind. *(¿Quién te ha contado eso?* →) Me van a preguntar **quién me ha contado eso.** Sie werden mich fragen, wer mir das erzählt hat. *(¿Qué pasó el viernes pasado?* →) Cuéntame **qué/lo que pasó el viernes pa- sado.** Erzähl mir, was letzten Freitag passierte. *(¿Dónde <u>conociste</u> a <u>tu</u> novio?* →) Me has preguntado **dónde <u>conocí</u> a <u>mi</u> novio.** Du hast mich gefragt, wo ich meinen Freund kennengelernt habe.	Indirekte Fragesätze werden durch die Konjunktion *si* eingeleitet, wenn eine Frage ohne Fragewort wiedergegeben wird. Wird eine Frage mit Fragewort wiedergege- ben, so wird der indirekte Fragesatz durch dasselbe Fragewort eingeleitet wie die ent- sprechende direkte Frage. Anstelle des Fragepronomens *qué* kann auch das Relativpronomen *lo que* verwen- det werden (vgl. § 88). Für die Anpassung der Personalformen und den Gebrauch der Zeiten gilt dasselbe wie für indirekte Aussagesätze.

91 Datum und Jahreszahlen
La fecha

Hoy es el 31 **de** marzo **de** 1999 (= el **trein- ta y uno** de marzo de mil novecientos no- venta y nueve). Heute ist der 31. März 1999. Mañana es el 1 **de** abril (= el **uno** / el **pri- mero** de abril). Morgen ist der 1. April. Nací **el** 20 de octubre de 1985. Ich bin am 20. Oktober 1985 geboren. Vamos a volver **el** 3 de mayo. Wir kommen am 3. Mai zurück.	Im Spanischen wird der Tag des Monats als Grundzahl geschrieben und gespro- chen. Nur beim Ersten ist auch die Ord- nungszahl *primero* möglich. Vor dem Monatsnamen und der Jahreszahl steht jeweils die Präposition *de*. Im Gegensatz zum Deutschen steht auch in adverbialen Bestimmungen keine Präpositi- on vor dem Tag, sondern nur der bestimm- ten Artikel.

Madrid, 2 de marzo de 1999 Madrid, den 2. März 1999 Pablo Picasso murió **en** 1973. Pablo Picasso starb 1973.	Beim Datum in Briefköpfen wird der Artikel vor dem Tag weggelassen. Wenn nur die Jahreszahl angegeben wird, steht die Präposition *en* davor.

§ 92 Partizip-Perfekt-Formen als Adjektive
Participios pasados como adjetivos

Alguien **ha abierto** la puerta.
Jemand hat die Tür geöffnet.
La puerta está **abierta**. Die Tür ist offen.
Allí hay una puerta **abierta**.
Dort ist eine offene Tür.
Somos dos personajes muy **conocidos**.
Wir sind zwei sehr bekannte Persönlichkeiten.
Mis novelas son las más **leídas** del
mundo. Meine Romane sind die am meisten ge-
lesenen der Welt.

una organización **fundada** *en 1995*
eine 1995 gegründete Organisation
un artículo **publicado** *en «El País»*
ein in der Zeitung „El País" veröffentlichter
Artikel
una época **llamada** *«Siglo de Oro»*
eine Zeit, die „Siglo de Oro" genannt wird
un libro **escrito** *para los niños*
ein Buch, das für Kinder geschrieben wurde

las cartas **llegadas** *esta mañana*
die Briefe, die heute morgen angekommen sind
una escritora **nacida** *en Madrid*
eine in Madrid geborene Schriftstellerin
el pintor **muerto** *hace pocos años*
der vor wenigen Jahren verstorbene Maler

Wie im Deutschen kann man das Partizip Perfekt vieler Verben im Spanischen als Adjektiv verwenden, sowohl prädikativ als auch attributiv (vgl. § 10).
Während das Partizip Perfekt beim *pretérito perfecto* unveränderlich ist (vgl. § 57), wird es in diesem Fall wie ein Adjektiv auf *-o* dekliniert. Es kann auch ein Adverb vor sich haben oder gesteigert werden.

Im Gegensatz zu einem normalen Adjektiv kann ein Partizip Perfekt eine adverbiale Bestimmung (der Zeit, des Orts usw.) oder eine prädikative Ergänzung bei sich haben. Dieser Gebrauch des Partizip Perfekt ist bei fast allen transitiven Verben (Verben mit direktem Objekt) möglich. Das Partizip hat hier passivische Bedeutung.

Es gibt aber auch einige Partizipien von intransitiven Verben, die so gebraucht werden, z.B. *llegado,-a, nacido,-a, muerto,-a*.

Index

Deutsch-spanisches Verzeichnis grammatischer Ausdrücke

Ableitung *(Wortbildung)*	la derivación	*informar → información;*
ableiten	derivar	*fácil → fácilmente*
Adjektiv	el adjetivo	*correcto,-a; bueno,-a; normal*
Adverb	el adverbio	*correctamente; bien; aquí; hoy*
adverbiale Bestimmung	el complemento circunstancial	
– des Orts	– de lugar	*Mi madre trabaja en una oficina.*
– der Zeit	– de tiempo	*Vamos a la playa el sábado.*
Akzent	el acento	
Akzentzeichen	el acento ortográfico	*alemán; él; tú; ¿quién?*
Betonung	el acento prosódico	[ale'man]; [ale'manes]; [popu'lar]
Anlaut (vgl. Auslaut)	el sonido inicial	['ora]; [inkre'ible]; [dos]; [bil' ao]
Apokope	el apócope *(f)*	*bueno,-a → un buen restaurante*
Artikel	el artículo	
bestimmter Artikel	el artículo definido	*el día; la hora; los días; las horas*
unbestimmter Artikel	el artículo indefinido	*un día; una hora*
attributives Adjektiv (vgl. prädikatives Adjektiv)	el adjetivo atributivo	*una casa vieja; un jersey sucio*
Auslaut (vgl. Anlaut)	el sonido final	['ora]; [inkre'ible]; [dos]; [bil' ao]
Ausruf	la exclamación	*¡Qué rollo!; ¡Atención!*
Ausrufezeichen	los signos de admiración	¡ !
Aussprache	la pronunciación	
Begleiter	el determinante	*estos/mis/algunos /qué libros*
bejahte Formen (↔ verneinte Formen)	las formas afirmativas	*también ↔ tampoco; algo ↔ nada; alguno ↔ ninguno*
Demonstrativbegleiter	el determinante demostrativo	*este/ese/aquel supermercado; estas/esas/aquellas bicicletas*
Demonstrativpronomen	el pronombre demostrativo	*¿Qué pan? —Éste/Ése/Aquél. Eso es todo. ¿Qué es esto?*
Diphthong (vgl. Vokal)	el diptongo	[ai], [ei], [au], [ja], [je], [wa], [we], ...
Diphthongierung	la diptongación	*pensar → pienso; volver → vuelven*
Endung (vgl. Stamm)	la terminación, la desinencia	*conocer; conocen; conocido; pensando*
endungsbetonte Formen	las formas acentuadas en la desinencia	*pensar, pensamos, pensáis, pensando, pensado, pensé, ...*
Femininum (vgl. Maskulinum)	el (género) femenino	*(una) chica; (una) ciudad; (la) fruta*
Frageadverb	el adverbio interrogativo	*¿dónde?; ¿adónde?; ¿de dónde?; ¿cuándo?; ¿cómo?; ¿por qué?*
Fragebegleiter	el determinante interrogativo	*¿qué ciudad(es)? ¿cuánta agua?*
Fragepronomen	el pronombre interrogativo	*¿Qué haces?; ¿Quién es?; ¿Cuáles cojo?*
Fragezeichen	los signos de interrogación	¿ ?
Genus (vgl. Maskulinum, Femininum)	el género	
Grundzahl (vgl. Ordnungszahl)	el número cardinal	*uno, dos, tres, cuatro, cinco, seis, siete, ocho, ...*
Hauptsatz (vgl. Nebensatz)	la oración principal	*Tengo un trabajo que me gusta. Ellos piensan que es tonto.*

Hilfsverb	el verbo auxiliar	*querer* (+ Infinitiv); *estar* (+ *gerundio*); *haber* (+ Partizip P.)
Imperativ	el imperativo	
bejahter Imperativ	el imperativo afirmativo	*¡Mira!; ¡Volved!*
verneinter Imperativ	el imperativo negativo	*No mires. No volváis.*
indefiniter Begleiter	el determinante indefinido	*mucha/poca/bastante/demasiada gente*
indefinites Pronomen	el pronombre indefinido	*¿Cuántos sois? —Somos muchos/ pocos/bastantes/demasiados.*
indirekte Rede	el estilo indirecto	*Dicen que es muy importante.*
Infinitiv	el infinitivo	*hablar, vivir, ser, decir*
Komma	la coma	
Komparativ	el comparativo	
– höheren Grades	– de superioridad	*Soy más alto que tú.*
– niedrigeren Grades	– de inferioridad	*Eres menos alto que yo.*
Konjugation	la conjugación	*hablar: hablo, hablas, habla, ...*
Konjunktion	la conjunción	*y; o; cuando; que; si; sino (que)*
Konsonant (vgl. Vokal)	la consonante	[b], [ ], [tʃ], [k], [θ], [d], [ð], [ ], [g], ...
Laut	el sonido	
Maskulinum (vgl. Femininum)	el (género) masculino	*(un) chico; (un) río; (el) dinero*
Nebensatz (vgl. Hauptsatz, Relativsatz, Objektsatz)	la oración subordinada	*Tengo un trabajo que me gusta.* *Ellos piensan que es tonto.*
neutrales Pronomen	el pronombre neutro	*¿Qué vas a hacer? —No lo sé.*
Nomen	el sustantivo	*museo, persona, dinero, agua*
Numerus (vgl. Singular, Plural)	el número	
Objekt	el complemento	
direktes Objekt	el complemento directo	*Juan pasa el folleto a Pedro.*
indirektes Objekt	el complemento indirecto	*Juan pasa el folleto a Pedro.*
Objektpronomen	el pronombre personal de complemento	*No me/te/le/nos/os/les gusta.* *No te/lo/la/os/los/las conozco.*
Objektsatz	la subordinada de complemento directo	*Ellos piensan que es tonto.*
Ordnungszahl (vgl. Grundzahl)	el número ordinal	*primero,-a, segundo,-a, tercero,-a, cuarto,-a, ...*
Partizip Perfekt	el participio pasado	*hablado; tenido; visto; hecho*
Person	la persona	
erste Person	la primera persona	*yo soy nosotros,-as somos*
zweite Person	la segunda persona	*tú eres vosotros,-as sois*
dritte Person	la tercera persona	*él/ella es ellos/ellas son*
Personalpronomen (vgl. Subjektpronomen, Objektpronomen)	el pronombre personal	*yo, tú, él, ella, nosotros,-as, ..., me, te, le, la, lo, nos, ...*
Plural (↔ Singular)	el plural	*(la) playa↔(las) playas*
Possessivbegleiter	el determinante posesivo	*mi/tu/su/nuestro/... profesor*
prädikatives Adjektiv (vgl. attributives Adjektiv)	el adjetivo predicativo	*La casa es vieja.* *El jersey está sucio.*
Präposition	la preposición	*a; de; con; de; en; para; por*
Pronomen (vgl. Personal~ Demonstrativ~ usw.)	el pronombre	
Rechtschreibung	la ortografía	